KB036235

일하는 사람들의 '조상신' 이야기

이 저서는 2009년도 정부(교육과학기술부)의 재원으로 한국연구재단의 지원을 받아 수행된 연구임
(NRF-2009-362-A00002).

이 도서의 국립중앙도서관 출판예정도서목록(CIP)은 서지정보유통지원시스템 홈페이지(http://
seoji.nl.go.kr)와 국가자료공동목록시스템(http://www.nl.go.kr/kolisnet)에서 이용하실 수 있
습니다. CIP제어번호: CIP2019038167

인천대 중국학술원
중국·화교문화연구소 기획
박경석 지음

# 일하는 사람들의
# '조상신'
# 이야기

중국
전통시기
동업자들의
세속화된
신성神性

중국에는 전통적으로 업종마다 조상신이나 수호
신이 있었다. 예를 들어, 의사들은 역사상의 전설
적인 명의 화타(華陀)나 편작(扁鵲)을 조상신으
로 숭배했다. 중국에서는 이를 '행업신(行業神)'
이라고 한다. 이 책에서는 수많은 역사인물이나
신령이 어떤 맥락에서 해당 업종의 조상신이나
수호신으로 간주되었는지를 설명한다.

다시 말해서 특정 대상을 자기 업종에 맞게
인격화하고 이를 조상신으로 섬기게 되는 까닭
과 내력에 주목할 것이다. 이로써 '일하는 사
람들의 세속화된 신성[神性]'의 세계를 밝혀보
고자 한다.

필자는 독자들이 이 책을 통해 '행업신'에 탑재
되어 있는 '문화코드'를 이해함으로써 중국과 중
국인을 보다 깊이 있게 이해할 수 있기를 기대한
다. 그렇게 되면 중국 사람들과 보다 잘 소통할
수 있을 것이다.

중국인의 삶에서 민간신앙은 절대적이었다. 삶
에 전반에 걸쳐 민간신앙이 관련되지 않은 매듭
이 없었다. 민간신앙은 삶 그 자체였다. 이는 직
업의 세계에서도 마찬가지였다. 이 책은 직업 세
계의 민간신앙을 대중적 차원에서 가급적 쉽게
설명하고자 했다.

# 한울
아카데미

# 차례

이 책을 내면서 7

해설: 동업자들의 조상신 숭배 15

**01** '조상신' 중에서도 최고의 스타는 역시 관우(關羽)                                      41

**02** 장인(匠人)들의 영원한 '조상신', 노반(魯班)                                      51

**03** 일하는 서민들의 공자(孔子) 숭배                                      59

**04** '문화와 교육의 신' 문창제군(文昌帝君) 숭배                                      65

**05** '일하는 염황자손(炎黄子孫)'들의 삼황오제(三皇五帝) 숭배                                      75

**06** 중국 신화의 주인공들, '문명 창조자'에 대한 숭배                                      85

**07** 노자(老子)의 신격화 버전, '노군(老君)' 숭배                                      97

**08** 조상신으로 신격화된 춘추전국시기의 역사 인물들
강태공, 주문왕, 관중, 손빈                                      107

**09** 조상신으로도 인기가 높았던 『삼국지연의』의 영웅들
유비, 관우, 장비 그리고 제갈량                                      123

**10** 조상신으로 간택된 역사상의 주요 인물들
채륜, 당현종, 이백, 악비, 주희, 주원장, 마테오 리치                                      133

**11** 애니미즘에서 유래한 조상신들
동식물, 장소 및 사물, 자연현상의 신령들                                      153

**12** 종교적 숭배 대상에서 일하는 사람들의 조상신으로
갈홍, 여동빈, 달마, 관음보살                                      171

**13** 주요 업종의 다채로운 조상신들                                      189

찾아보기 224

# 이 책을 내면서

    중국에는 전통적으로 업종마다 조상신이나 수호신이 있었다. 예를 들어, 의사들은 역사상의 전설적인 명의 화타(華佗)나 편작(扁鵲)을 조상신으로 숭배했다. 중국에서는 이를 '행업신(行業神)'이라고 한다. 현장에서 일하는 사람들은 조사(祖師), 조사옹(祖師翁), 사조(師祖), 본사(本師), 선사(先師), 사부(師傅) 등으로 불렀다. 일하는 사람들은 자기 조상신의 탄생일이나 기일, 연중 중요한 절기, 일을 시작할 때와 마칠 때, 경사나 흉사가 있었을 때 등등 거의 일상적으로 조상신을 숭배하는 활동을 벌였다. 숭배 활동은 쉼이고 '힐링'이고 축제였다. 이들은 조상신이나 수호신을 통해 마음의 위안을 얻었고 자기 직업에 대한 자부심을 높였다. 또한 동업자들은 동일한 조상신을 섬긴다는 일체감을 '동업질서'를 형성하고 유지하는 데에 활용했다.

이 책에서는 수많은 역사 인물이나 신령이 어떤 맥락에서 해당 업종의 조상신이나 수호신으로 간택되었는지를 설명한다. 다시 말해서 특정 대상을 자기 업종에 맞게 신격화하고 이를 조상신으로 섬기게 되는 까닭과 내력에 주목할 것이다. 이로써 '일하는 사람들의 세속화된 신성(神聖)'의 세계를 밝혀보고자 한다.

각 업종의 조상신이나 수호신은 중국을 표상하는 하나의 '문화코드'이기 때문에 중국과 중국인을 이해하기 위해서는 '행업신'에 주목할 필요가 있다. '행업신'의 간택이나 설정에는 숭배되는 조상신에 대한 사람들의 인식과 이미지가 반영되어 있다. 예를 들어 관우(關羽)라고 하면 바로 '의리(義理)'가 떠오른다. 중국역사상 최고의 '상남자'라고 할 수 있다. 칼도 잘 쓴다. 이러한 문화적 이미지가 우연한 기회에 어떤 업종의 특성과 접속되면서 인연을 맺게 된다.

일하는 사람들은 특정 대상을 자신의 업종에 맞게 신격화해서 조상신으로 섬긴다. 조상신은 숭배자들의 주관적 인식의 산물이다. 그들이 그렇게 생각하면 그것이 맞는 것이다. 그래서 각 업종의 조상신에는 신령스러운 역사적·문화적 존재에 대한 대중의 인식과 이미지가 농축되어 있다. 하나의 '문화코드'인 것이다. 즉, 문화를 통해 일정한 대상에 부여하는 무의식적인 의미가 내포되어 있다.

우리가 중국의 조상신이나 수호신 이야기에 관심을 가질 만한 이유가 여기에 있다. '행업신'을 통해 중국의 핵심적인 '문화코드'를 이해할 수 있다. 한 가지 예를 들어보자. 필자는 중국 칭다오(靑島)의 라오산(嶗山)에 다녀온 적이 있다. 라오산에는 태청궁(太淸宮)이라는 유명한 도교 사원이 있다. 그곳에는 정말 거대한 노자(老子) 석상이 있다. 그런데 노자 석상 옆에는 한 마리 거대한 소의 석상이 있다. 동행자가 저기에 왜 소가 있냐고 물었다. 노군(老君)이 '청우(靑牛)'를 타고 다녔다는 전설을 알았다면 금방 이해할 수 있는 풍경이다. 민간신앙의 세계에서는 노자를 '노군'이라고 불렀다. 노군이 소를 타고 다녔다는 전설로 인해 노자는 소와 관련 있는 방앗간, 편자 직공 등의 조상신으로 간택되었다. 이렇게 이 책을 읽으면 중국이 더 잘 보일 수 있다.

　필자는 독자가 이 책을 통해 '행업신'에 탑재되어 있는 '문화코드'를 이해함으로써 중국과 중국인을 보다 깊이 있게 이해할 수 있기를 기대한다. 그렇게 되면 중국 사람들과 보다 잘 소통할 수 있을 것이다. 더욱이 이러한 '문화코드'는 중국만의 것이 아니었다. 일정 정도 한국과 일본을 포함한 동아시아 문화권에서 공유되었다.

　이 책은 여러 업종에서 조상신을 섬기게 되는 까닭과 내력을 살펴보는 단순한 콘셉트이지만 본래에는 '관행 연구'라는 거시적 관점에서 출발했다. 중국은 역사도 오래되었고 나라도 정말 크

노자 동상(칭다오 라오산 태청궁)

일하는 사람들의 '조상신' 이야기

다. 하나의 관점으로 유구한 중국사를 관통해 생각하는 일은 정말 쉽지 않다. 그래서 중국사를 일정한 틀에 집어넣어 설명하려 했다. '관행 연구'는 중국사의 구조적인 측면에 집중하는 기존의 패턴에서 벗어나보려는 문제의식을 바탕에 깔고 있다. 보이지는 않지만 실제 중국을 움직였던 운영 원리를 관행이나 일상의 영역에서 간취해 보려는 것이다.

그러한 일상의 영역에서 민간신앙은 절대적인 위치를 차지했다. 누구나 생애 전체에 걸쳐 민간신앙이 관련되지 않은 매듭이 없었다. 민간신앙은 삶 그 자체였다. 이는 직업의 세계에서도 마찬가지였다. 이 책은 민간신앙의 일부를 살펴보는 것이다. 그것도 전문적인 연구의 차원이 아니라 기존의 연구를 바탕으로 가급적 대중적으로 쉽게 접근하고자 했다.

이 책은 리차오(李喬)의 연구에[1] 절대적으로 의존했다. 그는 중국의 대표적인 '행업신' 연구자이다. 일찍이 1996년 '행업신'에 대한 전문 연구서를 출판한 바 있는데[2] 이를 수정, 증보하여 2013년에 다시 책을 출판했다. 필자는 물론 2013년 판본을 참고했다. 이 밖에 그의 도서에 비견할 만한 다른 연구서는 없다. 거의 독보적이다. 전문적인 연구 논문들이 약간 있지만 대중적으로 '행

1    李喬, 『行業神崇拜-中国民衆造神史研究』(北京出版社, 2013.8).

2    李喬, 『中國行業神崇拜』(雲龍出版社, 1996).

노자의 청우(칭다오 라오산 태청궁)

일하는 사람들의 '조상신' 이야기

업신'의 대강을 설명하는 데에는 리차오의 도서가 가장 적합했다. 일일이 출처를 밝히지 않았지만 이 책의 '행업신'에 대한 직접적인 설명은 대부분 리차오의 책을 통해 이해한 것이다. 다만, 리차오의 도서에는 이 책에서 언급한 조상신이나 수호신보다 훨씬 더 많은 신령이 언급되어 있다. 이 책에서는 우리에게 너무나 낯선 신령은 가급적 언급을 회피하려고 했다.

마지막으로 보잘것없는 이 책이 나올 때까지 마음을 써주시고 수고해 주신 인천대 중국학술원 여러분 및 출판사 관계자 여러분께 진심으로 감사를 드린다.

2019년 늦은 봄날에

박경석

해설

# 동업자들의 조상신 숭배

푸젠성(福建省) 취안저우(泉州)에서 붉은 색의 예복을 입은 주제관 천잉훙(陳應鴻)이 국궁례(鞠躬禮)를 행하고 있다. 푸젠 남부(閩南) 방언과 전통 창극의 노래가 울려 퍼지는 가운데, 장엄하고 엄숙한 제례가 시작되었다. 전통 창극에 종사하는 사람들이 자신들의 조상신인 '전도원사(田都元帥)'에게 제사를 지내는 의식이다. 1시간 정도의 의례가 끝난 후, 젊은 창극 배우들이 한명씩 분향하고 제배(祭拜)했다.

2월 23일, 푸젠(福建) 취안저우(泉州)의 '목우극원(木偶劇院)'이 근래 보기 드물게 떠들썩했다. 1년에 한 번 하는 '춘계 조상신(戲神) 의식'이 거행되어, 베이징(北京), 푸젠 등의 전통 창극 전문가 및 지방 창극 배우들이 몰려들어 제배(祭拜)했다.[1]

위의 보도는 전통 창극에 종사하는 동업자들이 자신의 조상신에게 제사를 드리는 장면이다. 대개의 민간신앙이 그렇듯이 중국에서는 전통적으로 내려오던 동업의 조상신 숭배가 개혁·개방 이후 다시 활기를 띠고 있다. 이처럼 동업의 조상신을 숭배하는 행위는 민간신앙의 중요한 구성 요소로서 유구한 역사를 가지고 있고, 중국 전통문화의 다양한 요소가 내포되어 있다.

필자는 본문에서 동업 조상신 숭배에 관한 사적(事迹)을 통해 수많은 신령이 어떤 맥락에서 해당 업종의 조상신이 되었는지를 설명할 것이다. 전술했듯이 이를 통해 중국을 대표하는 다양한 문화코드를 이해할 수 있다고 생각한다. 본격적인 설명에 앞서 '동업 조상신 숭배'가 어떤 것인지 간략히 해설해 둘 필요가 있겠다.


## 1. '행업신(行業神)'이란 무엇인가? : 정의와 분류

중국에서는 전통적으로 업종마다 자기 업종과 관련이 있는 신령을 조상신이나 수호신으로 섬겨왔다. 이를 중국에서는 학술적으로 '행업신(行業神)'이라고 한다. 물론 신령을 숭배하는 목적은

---

1    중국 뉴스 네트워크(中國新聞網), 2016년 2월 23일 자(http://www.chinanews.com/cul/2016/02-23/7769637.shtml).

자기 업계(業界)의 이익을 보호하려는 데에 있다.

'행업신' 숭배는 일찍이 춘추전국시대(春秋戰國時代)부터 나타나지만 당시에는 일반적인 민간신앙과 특별히 구분되지 않았다. 하지만 송(宋)나라 때 이후 특정 '조상신'을 숭배하면서 융성하기 시작해 명(明)나라 및 청(淸)나라 때에 이르면 절정을 이룬다. 아마도 송나라 이후에 본격화된 창장(長江) 이남(江南) 지역의 대대적인 경제개발, 그리고 이에 따른 상업 및 도시의 발전과 무관하지 않을 것이다. 근대 이후에는 '과학으로 나라를 구하자(科學救國)'는 깃발이 나부끼고 '미신 타파'의 담론이 횡행하는 분위기 속에서 대체로 움츠러드는 경향을 보이지만, 일하는 사람들의 신앙의식 깊은 곳에 잠재되어 면면히 이어져 오고 있다.

'행업신' 숭배의 전체 역사에 비추어 볼 때, '행업신'은 크게 조상신과 수호신으로 나눌 수 있다. 조상신은 조사(祖師), 조사옹(祖師翁), 사조(師祖), 본사(本師), 선사(先師), 사부(師傅) 등으로 불리기도 했다. 대다수는 해당 업종의 창시자로 알려진 존재들이다. 해당 업종의 종사자들은 자신과 자신의 직업이 '조상신(祖師)'으로부터 시작되었다고 믿는다. 하지만 종사자들이 섬기는 조상신은 신령 숭배의 일종이기 때문에 섬기는 대상이 동업의 진짜 조상(창시자)인지 아닌지는 중요하지 않다. 어떤 계기를 통해 조상신으로 숭배하게 되면 조상신이 되는 것이다. 반대로 역사상 명확히 창업의 공이 있더라도, 조상신으로 숭배되지 않으면 조상신이 되지 못한다. 예컨대, 리본 장식 업종(紮彩業)의 경우 당(唐)나라 때의 치공선사(致公禪師)가 처음으로 창도한 것이지만, 그들은 손으로 물건을 만드는 장인(匠人)들이 보편적으로 숭배했던 노반(魯班)을 조상신으로 받들었다.

당연히 동업자들은 섬기는 조상신에 신성(神性)을 부여했다. 말하자면, 초인적 능력과 고도의 덕성, 신비주의 색채를 덧씌워 동업의 주재자이며 수호신으로 숭배했던 것이다. 사람들은 자신의 직업이 너무나 소중하기 때문에 종사하는 업종을 하나의 종교 같은 것으로 여겼고 조상신을 마치 유교, 불교, 도교의 교주와 유사한 존재로 인식했다.

동시에 조상신은 일정한 '인성(人性)', 즉 사람의 면모와 특징을 갖추고 있기도 하다. 원시적인 관념 속에서 신령은 단순히 추상적이고 환상적인 존재가 아니라, 어떤 분야에서 탁월한 능력을 가진 인간의 스승이자 동료라는 인식이 있는데, 각 업종의 조상신에 대한 숭배 의식은 이런 인식과 매우 잘 부합한다. 그래서 조상신 전설에는, 신성함의 신비로움과 함께 인간다움이 반영된 매우 현실적인 내용도 포함되어 있다.

수호신은 조상신으로 숭배되지 못하는 '행업신'을 말한다. 대개 어떤 업종의 창시자(조상신)를 특정할 수 없는 경우에 해당한다. 이 경우 '행업신'은 해당 업종을 총괄하거나 동업의 필요에 따라 일정한 기능을 제공하는 존재이다. 예컨대, 군인이 존숭하

일하는 사람들의 '조상신' 이야기

는 관우(關羽)는 군사(軍事)를 총괄하고, 서점과 곡물 상인이 숭배하는 '화신(火神)'은 불을 총괄하며, 어민이 제사 지내는 천후(天后) 또는 천비(天妃)는 바다와 하천을 총괄한다. 말하자면, 관우가 군사를, 화신이 불을, 천후가 바다와 하천을 창시한 것은 아니어서 조상신이라고 할 수는 없지만, 이들이 각각의 대상을 관할하면서 해당 업종과 종사자들을 보호해 줄 수 있기 때문에 수호신으로 삼아 숭배한다는 것이다.

이상의 조상신과 수호신은 일정한 범위에서 구분되기도 하지만, 대개는 양자의 특성을 동시에 가지고 있는 경우가 많다. 이에 대해서는 후술할 것이다.


## 2. '행업신'은 어떻게 생겨났나? : 조상신 만들기

'행업신'은 종사자들이 만들어낸 것이다. 자신의 필요에 따라 일정한 전거(典據)를 바탕으로 만들어냈다. 사람을 신격화하여 '행업신'으로 만든 경우도 있고, 기존의 신령을 '행업신'으로 채택한 경우도 있다. 전자로는 목공 장인(木匠)이 섬기는 노반(魯班), 다업(茶業) 종사자들이 모시는 육우(陸羽) 등이 있다. 후자의 사례로는 요리사들이 숭배하는 조신(灶神, 부뚜막 신령)과 연극인이 숭배하는 이랑신(二郞神)이 있는데, 민간에서 널리 숭배하던 신령을

해설: 동업자들의 조상신 숭배

'행업신'으로 삼은 경우이다. 어떤 경우든 일정한 근거와 이유가 있다. 대개는 전설이나 신화를 포함해 해당 업종과 관련이 있는 사적(事迹)이 내포되어 있다.

내포되어 있는 사적의 내용을 보면, 첫째 어떤 발명이나 창조와 관련이 있다. 예컨대 황제(黃帝)는 관복(冠服)을 발명했기 때문에 재봉 일을 하는 사람들의 조상신이 되었고, 노반(魯班)은 공구를 발명했기 때문에 머리빗, 우산, 목기, 석기와 같은 도구를 만드는 사람들의 조상신이 되었다.

둘째, 해당 업종의 형성과 발전에 중요한 역할을 한 경우이다. 춘추시대의 관중(管仲)은 처음으로 관기(官妓)를 설치했고, 당나라 명황(明皇) 현종은 극장의 자제(子弟)를 가르쳤고, 손빈(孫臏)은 가죽신을 만들었기 때문에 각각 기녀, 극장, 갖바치의 조상신이 되었다.

셋째, 해당 업종에 종사한 적이 있거나 모종의 관계가 있는 경우이다. 예컨대, 소하(蕭何)는 한(漢)나라 때 서리(胥吏)를 한 적이 있고, 노군(老君, 老子)은 팔괘로(八卦爐, 老君爐)를 만들었고, 문창제군(文昌帝君)은 책을 잘 간수했고, 관공(關公, 關羽)은 재물을 가볍게 여기고 의리를 소중히 여겼기 때문에 각각 서리, 철공소, 상업의 조상신이 될 수 있었다.

넷째, 해당 업종과 유관한 신성으로 인해 행업신이 된 경우이다. 예컨대, 요리사들은 매일 접하는 부뚜막 신령(灶神)을 조상신

일하는 사람들의 '조상신' 이야기

으로 섬겼고, 옥기(玉器)를 만들고 파는 사람들은 관음보살이 입고 있는 흰옷이 순백의 옥기를 연상시켜 백의관음보살(白衣觀音菩薩)을 숭배했다.

이런 근거들의 출처도 매우 다양하다. 사서(史書), 종교 전적(典籍), 필기 잡기, 고대 신화, 민간 전설, 통속소설 및 희곡, 회화 및 조소(彫塑) 등을 망라하고 있다.


### 3. '행업신'은 어떻게 구성되었나? : 조상신의 특성

'행업신'은 하나의 업종이 하나의 신령만을 숭배하는 것이 아니다. 상당히 많은 업종에서 여러 조상신과 수호신을 동시에 숭배하기도 했다. 하나의 신령이 여러 업종의 조상신이나 수호신이 되기도 했다. 물론 하나의 조상신만을 섬기는 업종도 있었다.

하나의 업종이 여러 신령을 숭배하는 경우에도 다양한 양태가 나타난다. 전술했듯이 '행업신'을 크게 조상신과 수호신으로 나눌 수 있다고 했는데, 조상신을 섬기면서 동시에 수호신을 섬기는 경우, 하나의 업종이 여러 조상신을 섬기거나 여러 수호신을 섬기는 경우, 같은 업종이라도 지역에 따라 하나의 조상신만을 섬기거나 여럿의 조상신을 섬기는 경우가 있다. 매우 복잡하다.

여러 '행업신'을 섬길 경우, 신령의 중요도에 따라 주신(主神)과

배신(配神, 부속신)으로 구분할 수 있다. 제사를 지낼 때에도 자연스럽게 주신의 위패는 중앙에 놓았고 부속신은 그 좌우에 배치했다. 이런 경우도 다양한 양태를 보이는데, 조상신이 주신, 수호신이 부속신이 되는 경우가 있고, 그 반대인 경우도 있다. 일반적으로 조상신이 더 중요하기 때문에 전자인 경우가 대다수이다. 후자인 경우는 관우와 같이 수호신의 지위가 상대적으로 월등히 높아 수호신이 주신이 될 수가 있다. 또한, 주신과 부속신 모두를 조상신만으로 채택하는 경우도 있다. 동시에 숭배되는 여러 조상신 간에도 총조사(總祖師), 분조사(分祖師) 등 지위와 기능에 따라 위계가 확실했다.

하나의 '행업신'을 여러 업종에서 숭배하는 경우도 매우 흔하게 나타났다. 이런 경우도 다양한 양태로 나타난다. 여러 업종이 동시에 조상신으로 숭배하는 경우, 여러 업종이 수호신으로 숭배하는 경우, 여러 업종이 지역에 따라 조상신으로 섬기기도 하고 수호신으로 섬기기도 하는 경우 등이 있다. 같은 신령이라도 여러 업종이 그 대상을 숭배하게 된 연유는 같을 수도 있고 다를 수도 있지만, 대개 같은 '행업신'을 섬기는 업종들은 일정한 공통점을 갖기 마련이었다.

이처럼 하나의 업종이 여러 '행업신'을 숭배하거나(一業多神), 하나의 신령을 여러 업종이 '행업신'으로 숭배하는(多業一神) 경향은 중국의 민간신앙에서 일반적으로 보이는 다신론적(多神論的), 범신론적(汎神論的) 실용주의를 그대로 반영하고 있다. 말하자면 숭배 대상이 무엇이든 자기에게 이익이 되고 필요하다고 여겨지면 다른 것은 따지지 않고 바로 분향을 하고 머리를 조아린다. 신령이 어떻게 되는 것은 상관없다. 중요한 것은 숭배하는 사람들의 입장이다. 실제로 '행업신' 숭배의 세계에는 유교, 불교, 도교 등의 기성 종교는 물론이고 다양한 민간신앙의 신령들이 숭배하는 사람들의 필요와 선택에 따라 매우 복잡하게 혼합되어 있다. 이렇게 복잡하지만 복잡성을 관통하는 원리는 간단했다. 사람들에게 득이 되면 그것으로 되었다. 이것이 '행업신'을 비롯한 중국 민간신앙의 가장 두드러진 특성이다.

공간의 관점에서 볼 때, '행업신'이 전국적으로 동일하게 숭배되는 경우도 있지만 대개는 농후한 지역성을 가진다. 말하자면 같은 업종이라도 지역에 따라 숭배하는 '행업신'이 다른 경우가 많다는 것이다. 또한 어떤 '행업신'은 특정 지역에서만 숭배되기도 한다. 뿐만 아니라 '행업신'에 대한 숭배의 강도, 경건함의 정도가 지역에 따라 달랐다.

물론 지역에 상관없이 전국적으로 거의 동일하게 숭배되는 '전국구' 신령도 있었다. 예컨대 나무를 다루는 전국 각지의 목수들은 거의 모두 노반을 조상신으로 숭배했다. 서당의 훈장들은 어느 지역이나 모두 공자(孔子)를 조상신으로 섬겼다. 상인들은 모두 관우를 모델로 한 재신(財神)을 수호신으로 삼았다. 하지만

해설: 동업자들의 조상신 숭배

이런 '전국구' 행업신은 그 수가 매우 적다.

시간의 관점에서 보면, 대개의 사안이 그렇듯이 '행업신'도 지속성과 단절성을 동시에 갖는다. 말하자면, 전통이 끊임없이 계승되는 가운데, 시대에 따라 변이가 발생함으로써 시대적 특징을 갖게 된다는 것이다. 요컨대, '행업신' 숭배라는 기본 틀이나 숭배 대상은 대개 지속성이 강하다. 하지만 숭배 대상이 시대에 따라 달라지는 경우가 없지 않았을 뿐만 아니라, 더 많은 경우는 숭배 대상이 첨가되어 늘어나는 변화를 보였다.


## 4. '행업신'을 왜 숭배했나? : 숭배의 목적과 기능

중국에서 수많은 '행업신' 숭배가 생겨난 이유는 대개의 다른 민간신앙이 그렇듯이 사회적·자연적 압박 가운데 정신적 위안을 얻기 위함이었다. 신령을 찾아 복을 기원하고 보호를 요청함으로써 정서적 안정을 기할 수 있었던 것이다. '행업신'은 기본적으로 해당 업종의 정신적 지주이자 복을 비는(祈福) 대상이었다.

중국 특유의 강력한 조상 숭배 의식 및 '공덕(功德)은 꼭 갚아야 한다는' 관념이 '행업신' 숭배가 발전하는 데에 큰 영향을 끼쳤다. 공덕이 큰 조상이나 촌수가 가까운 조상에 제사 지내는 조상 숭배는 중국 민간신앙의 뿌리이자 기초이다. 이런 조상 숭배 관

일하는 사람들의 '조상신' 이야기

념이 동업 신앙으로 확대되어 발전한 것이 동업 조상신 숭배라고 할 수 있다. 조사(祖師)는 바로 자기가 종사하고 있는 생명과도 같은 직업의 조상인 것이다.

또한, 중국에는 전통적으로 자신에게 은덕을 베푼 신령에게 제사나 연희 등으로 보답하지 않으면, 다시는 그 신령의 은덕을 받을 수 없다거나, 심한 경우 보복을 당할 수 있다는 관념이 강했다. 이런 '은덕을 숭상하고 공적에 보답하고자(崇德報功)' 하는 관념이 동업 신앙으로 확대되어, 동업 조상신의 은덕에 보답하고자 '행업신' 숭배가 발달했다고 할 수 있다.

또한, '행업신' 숭배는 해당 업종 종사자의 자긍심을 높이고, 해당 업종의 사회적 위신과 지위를 높이는 작용을 했다. 전통적으로 '행업신'의 위신과 지위는 바로 해당 업종의 위신 및 지위와 직결되었기 때문에, 해당 업종의 종사자들은 '행업신'을 통해 스스로를 높이기 위한 여러 가지 노력을 기울였다. 요컨대, 조상신을 채택할 때 가급적 여러 사람들의 주목과 존경을 이끌어낼 수 있는 인물을 선택했다. 조상신으로 정착된 이후에는 자기들이 섬기는 '행업신'을 가급적 치켜세우고 뽐내는 활동을 지속했다.

'행업신' 숭배의 실질적인 목적과 작용 중에 하나는 '동업 질서'를 유지하고 동업의 통합력을 높이는 데에 기여하는 것이다. '동업 질서'를 유지하기 위해 동업 조직이나 규약(行規) 등이 존재했지만, 이것만으로는 동업의 구성원을 단결시키고 통제하기에 부

해설: 동업자들의 조상신 숭배

족했다. 정서적 차원에서 통합의 정신적 권위가 필요했다. 그래서 '행업신'에게 제사 지내는 자리에서 '행업신'의 권위를 빌려 공동의 규약을 준수하기로 맹세했다. 또한 조상신 앞에서 동업의 사무나 규약의 개정을 의논함으로써 의사 결정의 권위를 확보했다. 게다가 행업신의 이름으로 규약 위반을 징계함으로써 징계의 정당성을 높였다. 동업 구성원들이 모두 함께 조상신에게 제사 지내는 일을 의논하고 함께 제사를 지내고 축제를 즐김으로써, 자연스럽게 공동체 의식을 높일 수 있었다.

## 5. '행업신'을 어떻게 숭배했나? : 숭배 활동

### 1) 제사

제사는 '행업신'을 섬기는 데 가장 중요하고, 가장 흔하게 행해지는 숭배 활동이다. 제사는 대개 향을 피우고, 제물을 바치고, 엎드려 절을 하고, 축문을 읽는 등의 형식에 따라 진행되었다. 이러한 행업신 제사 활동에는 대개 경축행사가 함께 열리기 마련이었다. 동업의 구성원들은 오히려 경축행사에 관심이 많았다. 일상적으로 제사를 드릴 때에는 경축행사 없이 간단히 제사만 지냈지만, 주요한 제사에는 모처럼 구성원들이 함께 모여 즐길 수 있는 경축행사가 곁들여졌다. '행업신'을 섬기는 가장 중요

일하는 사람들의 '조상신' 이야기

한 활동은 제사와 경축행사가 결합된 하나의 축제(祝祭)였던 것이다.

대개 '행업신'의 탄신일이나 기일(忌日)에 가장 성대한 축제가 거행되었다. 동업자들은 조상신의 생일을 '성탄(聖誕)'이나 '서탄(瑞誕, 상서로운 탄신일)', 또는 '조사탄(祖師誕)'이라고 불렀다. 그런데 사실 신령의 생일은 대개 허구이거나 억지로 끼워 맞춘 것이다. 공자의 생일이 아직까지도 쟁점이 되어 있듯이 역사에 기록되어 있는 인물일지라도 확실한 생일을 고증하기란 쉽지 않다. 하물며 전설상의 인물은 말할 것도 없다. 동일한 업종에서 같은 '행업신'을 섬기더라도 지역에 따라 탄신일이 다른 경우도 있었다.

'행업신' 탄신일의 축제는 제사상에 제물을 바쳐놓고 향을 피우고, 절을 하고, 축문을 읽는 경건한 제사 절차 이외에, 연희를 개최해 행업신의 은혜에 보답하는 행사(演戲酬神), 행업신을 맞이해 신상을 들고 나와 마을을 행진하는 행사(迎神賽會), 모두 모여 먹고 마시는 술잔치(飮宴聚會) 등을 포함한다. 이 밖에 행업신 숭배의 특성에 맞게 동업의 공적 사무를 보고하고 의논하는 자리를 마련하기도 하고, 동업의 기예를 겨루는 시합을 열기도 했다.

'행업신'의 기일(忌日)은 말하자면 '돌아가신' 날인데 '득도한 날(得道日)'이라고 칭하기도 한다. 기일의 활동은 탄신일의 활동과 매우 유사하나 대개는 탄신일보다는 행사 규모가 덜 풍성했다. 이러한 축제는 대개 행업신의 이름을 따와 '모모회(某某會)'라고 불렀다. 예컨대, 노군회(老君會), 노반회(魯班會), 헌원회(軒轅會), 나조회(羅祖會), 요신회(窯神會), 우왕회(牛王會) 등이다. 이를 통칭하여 '조사회(祖師會)'라고도 했다.

축제는 물론 탄신일이나 기일에만 열렸던 것은 아니다. 설날(春節), 정월 대보름(原宵節), 청명절, 추석(仲秋節), 중양절(重陽節), 단오절 등 주요 절기를 맞이해서도 조상신에 제사를 지내고 축제를 벌였다. 또한 개별 업체의 개업이나 동업조직(行會)의 설립 기념일을 맞이해서도 제사를 포함한 크고 작은 축제를 벌였다.

개별적으로 뜻깊은 일이 있거나 일상적으로 일의 매듭이 지어질 때 제사를 지냈는데 이때에는 별도로 경축행사를 열지는 않았다. 예컨대, 학도(學徒, 견습생)가 들어와 공부를 시작할 때, 건축업에서 기둥에 보를 얹고 그 위에 처마도리와 중도리를 걸고 마지막으로 마룻대를 올리는 이른바 '상량(上樑)'을 할 때, 희곡(戲曲) 배우, 연주자들이 공연을 시작할 때, 주술 의사(巫醫)가 부적을 쓰기 전, 무도관(武館)을 개관할 때 제사를 드렸다. 잠사업(蠶業)에서는 심지어 공정이 넘어갈 때마다 간단한 고사를 지냈다. 선박운송업에서 풍랑을 만났을 때, 채석장에서 돌이 잘 나오지 않을 때, 수사관이 사건을 해결하지 못할 때, 군인이 전투에서 승리하지 못할 때 등등 업무상에 어려움이 발생해도 기도를 드리듯 고사를 지냈다. 반대로, 운송 선박이 무사히 항구에 도착했을 때, 도공이 도자기를 성공적으로 구워냈을 때 등등 업무상에 크고 작은 성과가 있을 때에도 제사를 드렸다. 폐업을 할 때도 제사를 지냈고, 심지어는 토비가 손을 씻고 도적질을 그만둘 때에도 고사를 지냈다. 또한, 많은 업종에서는 매월 삭망이나 매일 아침저녁으로 제를 올리기도 했다.

그야말로 즐거울 때나 슬플 때나, 좋을 때나 나쁠 때나, 시도 때도 없이 '행업신'에게 머리를 조아렸다. 이와 같이 '행업신' 숭배는 일하는 사람들의 일상 속에 깊이 뿌리박혀 있었다. 조상신은 숭배했던 사람들의 삶 그 자체였다. 아무것도 모르는 근대 서구의 '미신 타파' 담론이 욕을 보일 만한 그런 것이 아니었다.

## 2) 경축행사

앞에서 언급한 '연희수신(演戱酬神)'은 '행업신' 숭배 활동을 구성하고 있는 매우 중요한 부분으로, 신령에게 복을 기원하고 신령의 은혜에 보답하기 위해 연희(演戱)를 베푸는 것이다. 연희를 베푼다는 것은 무료로 연극을 공연한다는 것이다. 부유한 지방에는 대규모 민간신앙 사원, 행회(行會)의 회관(會館)이나 공소(公所) 근처에 '희대(戱臺)'라는 무대를 갖추고 전통 연극을 공연하여 연희를 베풀었다. 도시나 향촌 지역 모두에서 이러한 숭배 활동이 벌어졌지만, 연희는 자연히 도시 지역에서 훨씬 더 성대하고 시끌벅적했다. 아무래도 도시 지역이 업종도 다양하고 대규모 행회가 많았으며 연희를 베풀기에 좋은 조건을 갖추고 있었기

해설: 동업자들의 조상신 숭배

때문이다. 주요 도시에서 대규모 연희가 베풀어질 때에는 인근의 향촌에서 많은 사람이 몰려들었다.

사람들은 신령이 제물과 같은 먹을거리뿐만 아니라 즐거움을 주는 오락거리도 매우 좋아한다고 여겼다. 말하자면, 신령 앞에서 연희를 베푸는 일은 신령에게 제물을 바치는 일과 같은 것이었다. 그래서 이를 '연희를 바침, 즉 헌희(獻戲)'라고 했다. 이런 '헌희'라는 두 글자에는 신령에 대한 깊은 경외심과 감사의 마음이 담겨 있다. 그런데 중국에는 '신령은 마음만 받고, 올린 제물은 사람이 먹는'다는 말이 있다. 신령을 즐겁게 하는 것은 결국 사람을 즐겁게 하는 것이다. 사람과 신령이 함께 즐기는 것이고, 이런 연희는 '제물'이라는 성격 이외에, 동업 종사자들을 위한 오락이라는 기능을 수행했다.

'영신새회(迎神賽會)'는 그냥 '새회(賽會)'라고도 하고, '영신묘회(迎神廟會)' 또는 '묘회'라고도 하는데 보편적으로 행해졌던 민간신앙 활동과 같은 형식이었다. 즉, 의장(儀仗, 의례용 병장기), 고악(鼓樂, 악대 연주), 잡극(雜劇) 등을 가지고, '행업신'을 맞으러 사당을 나와 거리를 행진하는 일종의 경축 퍼레이드이다. '새회(賽會)'의 '새(賽, sai)'는 '시합하다'라는 뜻도 있다. 퍼레이드에 참가한 여러 업종의 종사자들이 자신의 장기를 살려 더 튀어 보이려고 경쟁했던 데에서 유래한 것으로 여겨진다.

아무튼 이는 일종의 조직적 신령 숭배 활동이다. 그 목적은 신

일하는 사람들의 '조상신' 이야기

묘회

31

해설: 동업자들의 조상신 숭배

묘회

일하는 사람들의 '조상신' 이야기

령의 은혜에 보답하여 복을 기원하는 데에 있다. 은혜에 보답하는 뭔가를 신령에게 바치면 다시 복을 줄 것이라는 단순한 믿음이 바탕에 깔려 있다. 역으로 신령에 보답하지 않으면 다시는 복을 주지 않을 뿐만 아니라 해를 입힐지도 모른다는 집단적 두려움이 공유되어 있다. 따라서 이러한 민간신앙의 전통은 쉽사리 없어질 수 있는 것은 아니었다.

대부분의 업종이 '영신새회'를 거행했는데, 힘이 있는 업종인 경우 하나의 업종이 독자적으로 거행하는 경우도 있었고, 그렇지 못한 경우에는 일반의 '새회'에 한 파트로 참여하는 경우도 있었다. 특정 업종의 '새회'와 일반 '새회'는 형식적으로는 동일했으나, 동업의 경우 해당 업종만의 특성을 가졌다. 말하자면, 숭배하는 대상이 조상신이고, 기원의 목적도 동업의 이익을 보호하는 데에 있었으며, 동업의 체계적 계통을 기반으로 행사가 진행되었다. 행사는 성대하고 장중했으며 며칠이나 계속되곤 했다. 그래서 소요되는 비용도 만만치 않았다. 하지만 동업 종사자들의 마음속에 조상신을 섬기는 일은 지극히 중요했고, 정신적으로 커다란 위안이 되었을 뿐만 아니라 거의 유일한 레저(오락) 활동이었다. 때문에 아무리 많은 돈이 들어도 아깝지 않았다.

### 3) 제사의 장소

제사를 지내는 장소는 사당, 일하는 곳, 종사자의 집, 음식점

해설: 동업자들의 조상신 숭배

등 동업이나 행회의 형편에 따라 다양했다. 경제력이 있는 행회는 동업의 전용 사당을 지어 제사를 지냈다. 사당은 규모에 따라 묘(廟), 당(堂), 전(殿), 관(館), 궁(宮), 각(閣), 사(祠) 등으로 칭해졌다. 사당은 동업의 본거지인 회관 및 공소와 결합되어 있는 경우도 많았다. 회관이나 공소가 없으면 업무를 보는 사무실에 사당을 세우기도 했고, 도처에 작은 규모로 사당을 짓는 경우도 있었다.

성황묘(城隍廟)와 같은 해당 지역의 일반 사당 한쪽에 '행업신'을 위한 전용 신전(神殿)이나 신상(神像)을 세우기도 했다. 여러 업종이 공동으로 하나의 사당을 지어 이용하기도 했다. 주변의 명산에 여러 업종의 사당이 집중되기도 했다. 이러한 사당은 종사자들의 마음에 매우 중요하고 신성한 장소였기 때문에 사당을 짓고 이를 보수하는 일은 동업 종사자들의 중대사로 여겨졌다.

이 밖에, 업무가 이루어지는 곳도 제사를 지내는 중요한 장소였다. 일하는 장소에 고정적으로 작은 제단을 설치해 놓고 제사 지내는 경우도 있었고, 위패나 신상을 옮겨 가면서 제사를 지내기도 했다. 업소에 소형 제단, 신상, 위패 등을 설치해 제사를 지내기도 했다. 또한 음식점을 빌려 제사를 지내는 경우도 있었는데, 제신(祭神)에는 대개 연회(宴會)나 연희가 수반되었기 때문에 음식점에서 하는 것에 편리함이 있었다.

일하는 사람들의 '조상신' 이야기

## 4) 종이 신상(神像) : 신마(神馬)

'행업신' 제사에는 신상이나 위패가 필요하다. 신상은 흙으로 빚거나 나무로 만든 것을 쓰기도 하지만, '신마(神馬)'라는 것도 많이 썼다. 신마는 신마(神禡), 신마(神碼), 지마(紙馬), 갑마(甲馬), 화마자(花馬子), 신지마자(神紙馬子) 등으로도 불리는데, 목판으로 인쇄한 종이 신상(神像)이다. 민간에서 각종 신령에 제사 지낼 때에도 보편적으로 사용했다. 구체적으로 '문신마(門神馬)', '월광마(月光馬)', '약왕마(藥王馬)', '재신마(財神馬)' 등으로 불렀다. '행업신' 숭배에서 사용한 신마는 민간에서도 사용했다. 의약업이 숭배했던 약왕(藥王)이나 상인이 섬겼던 재신(財神) 등은 민간에서도 일반적으로 숭배했기 때문이다. 신마는 비록 우리에게는 익숙한 존재가 아니지만, 중국 문화를 표상하는 중요한 매개물 중의 하나이므로 이번 기회에 기억해 두면 좋을 듯하다.

신마의 화면은 대개 닫집(龕室) 모양이다. 중앙에 제사를 받는 신령이 있고 양측에 2~4명의 시중드는 사람이 있다. 신령 앞에는 탁자나 동업과 관련이 있는 물건이 놓여 있다. 아예 해당 업종의 작업 모습이 그려져 있기도 하다. 대개는 주신의 명칭도 쓰여 있다.

신마는 제사를 지내려 할 때 신마를 전문적으로 취급하는 상점에 가서 구입해야 했다. 해당 상점은 각 업종이 매년 제사 지내는 때를 잘 파악해 두었다가 신마를 준비해 두었다. 신마를 구

신마

일하는 사람들의 '조상신' 이야기

입할 때에는 경건하고 정중하게 예의를 갖추어야 한다. 구입한 신마는 적당한 곳에 붙인다. 예컨대, 요리사들이 숭배하는 부엌신(灶君神) 신마는 부뚜막 위의 벽에 붙이고, 도공들이 섬기는 요신(窯神) 신마는 가마 위에 붙이는 식이다. 제사 의식이 끝난 후에는 신마를 모두 문밖에서 태워 보냈다.

### 5) '행업신' 숭배에서의 금기

'행업신' 숭배에는 절대 하지 말아야 할 다양한 금기가 있었다. 이는 조상신에 대한 경외감을 표현하는 하나의 방식이었다.

첫째, 업무를 수행함에 여러 가지 금기가 있었다. 그림자극(影戲)을 하는 사람들은 관음보살을 조상신으로 섬겼는데, 관음보살을 소재로 할 경우 관음보살의 신성을 모독하는 일은 절대 금기시했다. 예컨대, 관음보살이 무대에 등장하거나 무대에서 걸음을 걸을 때에는 다른 등장인물과 달리 왔다 갔다 하지 않게 했다. 도술을 부려 싸우는 장면은 절대 연출하지 않았다. 무대에 등장하면 가운데 자리를 잡고 앉게 했다. 먼저 '관세음보살 나무아비타불'을 외우고 나서 우아한 운율로 대사를 읊조리게 했다.

이 밖에, 도공들은 가마에 불을 피울 때 요신을 화나게 한다고 하여 잡담이나 농담을 금지했다. 가마를 짓는 날에는 어린아이나 임신부가 가마 있는 곳으로 들어오지 못하게 했다. 또한, 칼 만드는 장인들은 구야자(歐冶子)를 조상신으로 섬겼는데 집안에

아이가 태어나면 처음 3일은 귀가할 수 없었다. 집에 들어가면 부정한 기운이 공장에 스며들어 조상신을 해치고 불길한 일이 벌어진다고 믿었다. 심마니들은 커다란 나무의 그루터기에 앉지 않았는데, 그곳이 산신이나 노파두(老把頭)의 신성한 자리라고 생각했기 때문이다.

둘째, 일상생활에서도 여러 가지 금기가 있었다. 이랑신(二郎神)을 섬기는 극단의 배우들은 남녀 간에 떳떳지 못한 관계를 맺는 것을 금기시했다. 이런 금기를 위반하면 장사가 잘 안되고 질병을 앓게 된다고 여겼다. 대개의 상점에서는 점포 문 앞에서 하품을 하거나, 기지개를 켜거나, 문틀을 손으로 짚는 일을 금기시했다. 이는 재신이나 보살을 문안으로 들어오지 못하게 하는 일이라고 여겼기 때문이다. 어업에서도 일상의 금기가 많았는데, 뱃머리를 제사 지내는 신성한 곳으로 여겨 이곳에서 대소변을 보는 것을 엄금했다.

셋째, 신령의 명칭과 관련된 금기도 있었다. 극단의 배우, 창기, 무당들이 섬기는 오대선(五大仙)은 사실 동물인데, 동물 이름을 명칭으로 사용하는 것을 엄금했고 반드시 뒤에 남자를 높이는 '옹(翁)' 자를 붙였다. 예컨대, 족제비(黃鼠狼)는 황대옹(黃大翁)이라고 했고, 뱀(蛇)은 류칠옹(柳七翁)이라고 불렀으며, 쥐(老鼠)는 회팔옹(灰八翁)이라고 칭했다. 붓의 일종인 호필(湖筆)을 만드는 장인은 복향련(卜香蓮)을 조상신으로 섬겼는데, 공장 안에서 '향(香)' 자

일하는 사람들의 '조상신' 이야기

가 들어가는 음식을 먹지 않았다. 이는 복향련(卜香蓮)이라는 이름에 '향(香)' 자가 들어 있기 때문인데, 마치 황제의 이름을 피휘(避諱)하는 것과 같다.

넷째, 신령의 몸에 대한 금기도 흥미롭다. 조상신을 숭배함에 있어 신상(神馬), 신마(神牌), 신패(神牌)와 같이 신령의 몸을 상징하는 물건을 함부로 다루지 않았던 것은 자연스러워 보인다. 또한, 산신으로 숭배되는 쥐나 호랑이 등을 해치지 못하게 했다. 예컨 대, 베이징의 전당포 업자들은 쥐를 수호신으로 섬겼기 때문에, 쥐를 잡거나 고양이를 키우는 일을 금지했다. 동북 지역의 사냥꾼들은 호랑이를 산신령으로 숭배했기 때문에 호랑이를 잡지 않았고, 호랑이가 사람을 해치는 일이 발생해도 어쩔 수 없는 일이라고 말했다.

금기는 행업신 신앙뿐만 아니라 민간신앙 전반에서 찾아볼 수 있다. 금지 또는 억제라는 소극적인 방식으로 신령에 대한 경외감을 표현하는 것이다. 축제가 성대하고 떠들썩하게 신령을 숭배하는 데에 비해, 금기는 소극적으로 조용하게 조상신을 숭배하는 것이다. 금기에는 역시 신비주의적·원시적 색채가 농후하다. 그럼에도 '행업신' 숭배에서 표현되는 금기는 숭배하는 '행업신'과 직결되어 있다는 점에서 나름의 특징이 있다. '행업신' 금기는 동업 종사자들이 일상적으로 느끼는 조상신의 존재와 위엄을 경건하게 표현하고 있다.

해설: 동업자들의 조상신 숭배

그러나 모든 업종이 번다한 금기를 가지고 있는 것은 아니다. 비교적 영업이 안전하고, 사회와 자연으로부터 압력을 덜 받는 업종은 금기도 그만큼 적었다. 이렇게 보면, 금기는 신령만을 위한 것이 아니라, 도공(陶工), 벌목, 심마니, 어업 등과 같이 위험한 일을 하는 사람들이 스스로 안전을 지키기 위해 고안해 낸 자구책이기도 했다.

**01**

# '조상신' 중에서도 최고의 스타는
# 역시 관우(關羽)

구체적으로 어떤 업종에 어떤 조상신과 수호신이 얼마나 있었을까? 그리고 그들은 어떤 관련성으로 인해 해당 업종과 인연을 맺게 되었을까? '행업신' 연구에서 독보적인 지위를 차지하고 있는 리차오(李喬)에 따르면,[1] '행업신'으로 숭배되는 다양한 형태의 신령이 무려 630종에 이른다. 이들 신령은 하나의 업종에서 숭배되기도 했고 다수의 업종이 숭배하기도 했다. 대개 하나의 업종은 다수의 신령을 숭배한다.

전술했듯이, '행업신' 숭배는 하나의 업종이 하나의 '행업신'만을 숭배하는 배타적인 방식이 아니다. 하나의 업종이 여러 행업

---

[1] 李喬, 『行業神崇拜－中国民衆造神史研究』(北京出版社, 2013.8).

신을 섬기는 경우가 태반이고, 하나의 신령이 여러 업종에서 숭배되는 경우도 매우 흔하게 나타난다. 대개 특정 업종과 조상신은 어떤 내용으로든 일정한 관련성을 갖기 마련이다. 같은 신령이라도 여러 업종이 그 대상을 숭배하게 된 연유는 같을 수도 있고 다를 수도 있다. 이러한 일업다신(一業多神)이나, 다업일신(多業一神)과 같은 경향은 중국의 민간신앙에서 일반적으로 보이는 '범신론(다신론)적 실용주의'를 그대로 반영하고 있다.

이제부터 어떤 업종에서 어떤 조상신을 숭배했는지, 각각의 업종과 조상신이 어떤 관련성을 가지고 있었는지에 대해 살펴본다. 엄연히 우리의 주인공은 신령들이므로 업종별이 아니라 신령을 중심으로 살펴보겠다.

'행업신' 중에서 가장 인기가 높았던 '최고의 스타'는 역시 관우(關羽)이다. 전술한 리차오에 따르면, 무려 24종의 업종에서 조상신으로 섬겼다고 한다. 관성제군(關聖帝君)이나 관제(關帝), 관공(關公) 등의 존칭으로 불렸던 관우는 주지하듯이『삼국지연의(三國志演義)』에 등장하는 주요 인물 중에 하나이다. 화타(華佗)가 마취도 하지 않은 상태에서 독화살을 맞은 어깨를 째서 뼈를 긁어내는 수술을 하는데도 태연하게 바둑을 두었다는 일화가 역사상 '최고의 상남자' 관우를 상징한다. 의리 있고, 충성스럽고, 용맹한 그의 행적으로 인해 그는 오랫동안 용맹과 충의를 상징하는 가장 뚜렷한 표상으로 폭넓게 받아들여졌다. 민간신앙에서도 가장 널리, 가장 각별하게 숭배되는 대상이 되었다.

　요컨대, 송(宋)나라 때 이후 관제묘(關帝廟)는 거의 모든 지역에 없어서는 안 될 필수적인 사원이 되었다. 또한, 그에 대한 호감이 재물에 대한 열망으로 연결되면서 재신으로서의 지위도 갖게 되었다. 상점이나 일반 가정집에 그를 상징하는 위패나 조각상, 그림 등이 모셔졌다. 도교에서는 그를 협천대제(協天大帝), 복마대제(伏魔大帝), 익한천존(翊漢天尊) 등으로 숭배했다. 불교에서도 그를 호법신(護法神)의 하나로 여겨 가람보살(伽藍菩薩)로 섬겼다. 심지어 유교에서도 문형성제(文衡聖帝)로 그를 숭배했다.

　관우는 민간에서만 귀하게 여겼던 것이 아니다. 공자(孔子)는 주로 상류층에서 존숭했던 대상이었지만, 관우는 상·하층 모두가 숭배했던 거의 유일한 대상이었다. 요컨대, 중국은 전통적으로 '사전(祀典)'이라는 제도를 두어 국가적으로 제사를 지내는 신앙숭배 활동을 활발히 전개했는데, 청(淸)나라 때에 이르러 관우도 공식적인 국가제사 대상에 편입되었다. '사전'이 대대적으로 축소 정비되었던 중화민국시기에도 관우에 대한 제사는 '관악합사(關岳合祀, 關羽와 岳飛를 함께 모심)'의 형태로 유지되었다. 또한, 문묘(文廟)에 모셔진 공자에 견주어 관우를 모신 사당을 무묘(武廟)라고 했다. 관우가 공자와 함께 문무(文武)를 상징하는 존재가 되었음을 의미한다. 지배층의 입장에서도 그의 충의(忠義) 이미지를 드높일 필요가 있었고, 워낙에 민간에서 널리 숭배되는 신령이

관우상

므로 이를 국가적으로 수용해 활용하는 의미도 있었다.

이처럼 신앙숭배의 전반에서 인기가 높았던 관우는 역시 '행업신'의 영역에서도 널리 숭배되었다. 전술했듯이, 리차오에 따르면 적어도 24종에 이르는 업종에서 조상신이나 수호신으로 섬겼다고 한다. 금박(描金業), 가죽 가방(皮箱業), 가죽 제품(皮革業), 담배(煙業), 향과 초(香燭業), 비단(綢緞商), 재봉(成衣業), 요리(廚業), 소금(鹽業), 술(酒業), 발효식품(醬園業), 두부(豆腐業), 도살(屠宰業), 정육(肉鋪業), 빵떡(糕点業), 건과(干果業), 이발(理髮業), 금전(銀錢業), 전당포(典當業), 군무원(軍伍業), 무술 도장(武師業), 교육(敎育業), 점술(占卜業), 창기(娼妓業) 등이 그것이다. 식음료와 관련된 업종이 많지만 매우 광범위하게 분포되어 있음을 알 수 있다.

**가죽 가방 제조업**(皮箱業)

가죽으로 트렁크를 만드는 업종에서는 대개 노반(魯班)을 조상신으로 섬기고 관공(관우)과 증복재신(增福財神)을 수호신으로 모셨다. 노반은 춘추시대(春秋時代)를 살았던 전설적인 목공으로서, 거의 모든 장인(匠人)의 조상신으로 폭넓게 숭배되는 존재이다. 관우를 존숭한 것은 충의를 본받고자 하는 뜻뿐만 아니라, 돈을 많이 벌고 재앙을 피할 수 있도록 기원하는 뜻이 있었다. 노반이 주신(主神)이었음에도 사당에서는 관우를 중앙에 모시고 노반과 증복재신을 좌우에 모셨다. 조상신인 노반을 제치고 수호신인 관우가 중앙에 앉게 된 것은 민간신앙의 세계에서 관우의 지위가 노반보다 월등히 높았기 때문이었다.

### 가죽 제품 제조업(皮革業)

일부 지역의 가죽업자들이 관공을 조상신으로 섬겼으나 어떤 관련성이 있는지는 알려지지 않았다. 이 밖에, 해당 업자들은 황비호(黃飛虎), 비간(比干), 달마(達摩), 손빈(孫臏) 등을 조상신으로 섬겼다. 특히 손빈은 전국시대(戰國時代)를 살았던 저명한 군사 전문가인데, 젊은 시절에 잘려나간 다리를 보호하기 위해 최초로 가죽 장화를 만들었다고 전해진다. 이런 연고로 가죽을 다루는 다양한 업종에서 조상신으로 섬겼다.

### 담배 제조업(煙業)

관우를 주신으로 섬기고 화신(火神)과 재신을 부속 신령(配神)으로 섬겼다. 관제를 주신으로 모신 것은 전술했듯이 관우가 '믿음과 의리, 협력'의 신령으로서 민간의 대신(大神)이었기 때문이다. 이 밖에, 제갈량(諸葛亮), 여동빈(呂洞賓) 등이 숭배되었다.

### 향초 제조업(香燭業)

향과 초를 취급하는 업자들이 관제를 숭상한 것은 무신(武神)이자 재신으로서 '믿음과 의리, 협력'을 상징하기 때문일 뿐만 아니라, 관우와 향초의 밀접한 관계를 보여주는 고사가 전해지기 때문이었다. 『삼국지연의』에 나오는 유명한 '도원결의(桃園結義)' 장면에는 "향을 피우고 절하여 맹세했다"는 묘사가 있다. 또한, 조조가 관우로 하여금 군신의 의리를 어기게 하려고 유비의 소열후와 밤새 한방에 있게 했으나, 관우는 촛불을 들고 다음 날 아침까지 문밖에 서서 황후를 지켰다는 고사가 있다. 이러한 분향 및 촛불과의 인연으로 관우는 향초업의 조상신으로 숭배되었다.

### 의류 제조업(成衣業)

옷 만드는 일을 했던 사람들은 황제(黃帝), 삼황(三皇), 주나라 무왕 궁비(周武王宮婢)와 함께 관우를 조상신으로 섬겼다. 관우를 행업신으로 삼은 것은 아마도 재봉을 위해 가위를 사용하기 때문인데, 관우가 칼을 잘 사용했던 것과 관련이 있다.

### 요리업(廚業)

일부 지역에서 요리사들이 관우를 조상신으로 섬긴 것은 요리사들이 칼을 많이 사용하는데 관우도 칼을 잘 다루었기 때문이다.

### 염업(鹽業)

염전에서 소금을 생산하는 일에 종사하는 사람들도 여러 신령을 섬겼는데, 이들이 특별히 관우와 장비(張飛)를 섬겼던 것은 무장(武將)을 상징하는 이들이 염전의 악신(惡神)으로부터 자신들을 잘 지켜줄 것이라고 믿었기 때문이다.


### 두부 제조 판매업(豆腐業)

두부업도 지역에 따라 관우 이외에 다양한 행업신을 섬겼다. 이는 관우가 세상에 알려지기 전에 두부 장사를 했었다는 전설이 널리 퍼져 있었기 때문이다. 실제 관우가 두부를 팔아 생계를 유지했던 적이 있었는지는 확실하지 않고, 『삼국지연의』에도 이런 이야기는 나오지 않는다.


### 도살 및 정육점(屠宰肉鋪業)

가축을 도살해 파는 사람들은 대부분 장비(張飛)를 조상신으로 섬겼다. 그것은 장비가 세상에 나오기 전에 도살 및 정육점을 운영했던 적이 있었기 때문이다. 더불어 지역에 따라 관우를 조상신으로 삼기도 했다. 이는 도살과 고기 판매에 칼을 많이 사용하는데 관우가 칼을 잘 다루었기 때문이다.


### 떡집(糕点業)

떡집에서도 여러 신령에 더해 관우를 행업신으로 섬겼다. 떡을 찍어낼 때 똬리를 틀고 있는 용 모양의 틀을 사용하게 되는데

일하는 사람들의 '조상신' 이야기

그것을 '청룡'이라고 불렀다. 관우가 사용했던 병기가 청룡도(靑龍刀)였기 때문에 이런 연고로 관우에게 제사를 지냈던 것이다.

### 이발업(理髮業)

이발사들도 여러 신령과 함께 관우를 조상신으로 섬겼다. 이발을 위해서는 가위와 면도칼을 사용해야 하는데 관우가 칼을 잘 다루었기 때문에 조상신으로 삼았던 것이다.

### 군무원(軍伍業)

군무원을 포함한 직업군인은 관우, 악비(岳飛), 기독신(旗纛神, 군대 깃발 신령), 마왕(馬王) 등을 섬겼다. 관우는 이들이 가장 보편적으로 섬긴 군신(軍神)이었다. 역시 관우가 무술이 뛰어난 장수를 가장 뚜렷하게 상징한다는 점에서 매우 자연스럽다.

### 무술 도장(武師業)

무사(武師)란 무공으로 생계를 유지하는 사람을 말한다. 이들은 거리에서 무술 공연을 펼치거나, 무술 도장을 열어 수강생을 받거나, 보디가드 일을 한다. 이들은 주로 달마(達摩)와 관우를 숭배했다. 달마는 소림(少林) 무술 내지 중국 무술을 창시한 인물로 전해졌기 때문에 이들이 가장 보편적으로 섬겼다. 지역에 따라서는 관우를 섬기는 경우도 있었다. 이는 첫째, 관우가 무장(武將)

이었기 때문이었다. 둘째, 이들은 대개 의리를 매우 중시하는데 관우가 바로 의리를 상징했기 때문이다.

이상에서 보았듯이, 관우는 민간에서 가장 폭넓게 받아들여졌던 큰 신령(大神)이었다. 또한 '믿음과 의리, 협력'의 화신으로서 여러 업종에서 널리 숭배했다. 특히 향초와의 인연이나 칼을 잘 다루었다는 전설, 두부 장사를 했던 이력, 대표적인 무장(武將)이라는 점으로 인해 여러 업종의 조상신이 되었다.

이 밖에 여타 업종에서도 관우가 조상신이나 수호신으로 숭배되었다는 것을 확인할 수 있다. 하지만 매우 부수적이었을 뿐만 아니라 구체적으로 어떤 관련성이 있는지를 알 수 없었다. 아마도 관우가 재신으로서 돈을 잘 벌게 해줄 것이고, 그의 신기한 권위가 자기 사업을 보호해 줄 것이라는 믿음이 일반적으로 작용했을 터이다. '만능의 신령'인 관제(關帝)는 '행업신'의 영역에서도 역시 '최고의 스타'였다.

일하는 사람들의 '조상신' 이야기

## 02

# 장인(匠人)들의 영원한 '조상신',
# 노반(魯班)

'행업신' 중에서 가장 인기 높았던 '최고의 스타'는 역시 관우였다. 말하자면, 관우는 동업 종사자들이 아니더라도 민간신앙의 전반에 걸쳐 인기가 높았고, 동시에 '행업신'으로서도 많은 업종에서 숭배했던 신령이었던 것이다. 반면에 노반(魯班)은 일반적인 민간신앙에서는 거의 주목되지 않았으나, '행업신'으로서는 매우 많은 업종에서 숭배했던 신령이었다. 리차오의 연구에 따르면, 총 16종의 업종에서 노반을 조상신으로 섬겼다고 한다. 목수, 기와장이, 석공, 목각, 제재업, 수레 제조, 탑 쌓기, 리본 장식, 벽돌, 옥기, 가죽 가방, 머리빗, 시계, 편직, 선반 작업, 소금, 설탕, 우산 등이 그것이다. 모두 손으로 무엇인가를 만드는 장인들이다.

노반선사(魯班仙師), 공수선사(公輸先師), 교성선사(巧聖先師), 노반야(魯班爺), 노반공(魯班公), 노반성조(魯班聖祖) 등의 존칭으로 불리는 노반(魯班)은 본래 역사에 실존했던 인물이었다. 나중에 솜씨가 좋은 장인을 표상하는 전형적이고 신비로운 존재가 되었다.

역사상의 노반은 춘추시기 노(魯)나라 사람으로서 성은 '공수(公輸)'이고 이름은 '반(般)'이었다. 그래서 '공수자(公輸子)', '공수반(公輸般)'이라고 불렸지만, '노나라의 반(般)'이라는 의미로 '노반(魯般)'으로 불리게 되었다. 그런데 '반(般)'은 '반(班)'과 발음이 같기 때문에, 이후 '노반(魯班)' 또는 '공수반(公輸班)'이라고 칭하게 된 것이다.

노반의 출생 연도에 대해서는 두 가지 설이 있다. 하나는 『노반경(魯班經)』을 근거로 노나라 정공(定公) 3년, 즉 기원전 507년이고, 또 하나는 양계초(梁啓超)가 주장한 노나라 애공(哀公) 1년, 즉 기원전 494년이라는 설이다. 노반의 사망에 대해서는 명확한 기록이 없다. 대체로 기원전 440년 정도까지는 활동했던 것으로 여겨진다.

역사 기록에서 노반은 빼어난 솜씨를 지닌 탁월한 장인으로 칭송되고 있다. 진한(秦漢)시기의 기록에 의하면, 그는 사다리, 목제 솔개(일종의 비행 기구), 맷돌, 문고리 자물쇠, 전투용 선박(戰船), 기관차, 숫돌, 벽돌, 드릴 등의 생산 공구와 무기를 발명했다고 한다. 이 시기의 기록은 대체로 사실에 속한다고 볼 수 있다. 그러나 한(漢)나라 시기 이후 노반에 대한 기록은 갈수록 신비주의 색채가 농후해진다. 실제와는 거리가 먼 전설이 되어간 것이다. 예컨대, 그가 삽, 대패, 톱, 곱자(曲尺) 등을 모두 만들었고, 나무를 깎아 학을 만들고, 돌을 깎아 구주도(九州圖)를 만들었으며, 노구교(盧溝橋) 등을 지었다는 것이다. 이는 모두 역사적 사실이 아니다. 몸에 날개가 돋아 하늘로 올라가 신선이 되었다는 기록도 많이 언급되었으나, 물론 이것도 전설일 뿐이다.

'행업신'으로서 장인들의 마음속에 새겨진 노반의 형상은『노반경(魯班經)』이라는 일종의 경전에 의해 전해졌다.『노반경』은 대대로 장인들의 필독서였고, 장인들은『노반경』을 읽으면서 노반을 마음에 새겼다. 서명이나 내용에서 보듯이,『노반경』은 장인들이 노반을 '조상신'으로 섬기는 정신 활동을 전형적으로 표현하고 있다.

『노반경』에는 노반의 일생에 관한 역사적 사실도 있지만, 신화적인 요소가 더 많았다. 요컨대, 노반이 태어난 날에 백학(白鶴)이 군집하고, 신비로운 향기가 방 안에 그득하고, 초하루에서 보름날까지 달이 흐트러지지 않아 사람들이 모두 기이하게 여겼다고 한다. 어려서 배운 것이 없었으나, 커서는 세상을 돌아다니며 자기의 주장을 폈고, 은거하다가 스승으로부터 기예를 배워, 훌륭한 장인이 되었고, 종국에서는 신선이 되었다. 노반은 한 사람의 장인일 뿐만 아니라, 정견을 갖춘 사상가였고, 은사(隱

02 장인(匠人)들의 영원한 '조상신', 노반(魯班)

노반

士)였으며, 신선이었다. 신비로운 출생을 비롯해 이러한 서술은 예로부터 신화적인 인물, 제왕, 성현, 위인을 표현했던 전통적인 방식이다.

『노반경』은 사실『노반경장가경(魯班經匠家鏡)』의 줄임말이기도 한데, 명나라 때 정립된 것으로 여겨진다. '장가경(匠家鏡)'이란 말 그대로 '장인 가문의 거울'이라는 뜻으로, '안내서' 또는 '공구서'를 의미한다. 명나라 때 출현한『노반경』은 그 판본이 지역 및 시기에 따라 매우 다양하고 전래되는 상황도 매우 복잡하다. 여러 가지 판본에는 해당 시기 및 지역의 특색이 가미되어 초록(抄錄)과 내용에 있어 출입(出入)이 매우 많다. 명나라 때의『노반경』을 저본으로 각 지역마다 대대로 비밀스럽게 전해 내려오는 '비본(祕本)'을 가지고 있기도 하다. 그 내용에는 각양각색의 보충과 발전이 있었다. 해당 장인 사회 내부에서 진행해 온 노반 신령에 대한 숭배 활동이나 여타 '수호신'을 섬기는 일을 기록하고 있을 뿐만 아니라, 자기들만의 전통적인 작업 비법 등도 기록하고 있다.『노반경』은 장인들이 스스로 남긴 노반 숭배의 기록이다. 이 책은 민간, 특히 중국 남방의 민간에 지극히 널리 퍼졌는데 장인들의 생산과 습속, 신앙에 지대한 영향을 끼쳤다.

장인들의 노반 숭배는 당(唐)나라 때의 건축업 장인들로부터 시작되었다고 볼 수 있다. 당나라 때 둔황(敦煌)에서 상량식(上梁式)¹을 할 때 노반(魯班)에게 제사를 지냈다는 기록이 있다. 아마도 이는 후대에 건축업 장인들이 상량을 할 때 노반에게 제사를 드리는 일의 효시가 되었던 것으로 보인다.

일반적으로 '행업신' 숭배가 그렇듯이, 명나라 때 이르러 노반에 대한 장인들의 숭배 활동이 본격화되었다. 이는 명나라 때 정립된 『노반경』의 서두에 잘 서술되어 있다.

명나라 때 노반 숭배가 본격화된 이유는 자금성(紫禁城)의 건축과도 관련이 있다. 홍무제(洪武帝) 주원장(朱元璋)의 아들 영락제(永樂帝) 주체(朱棣)가 조카인 건문제(建文帝)를 물리치고 정권을 장악한 이후 수도를 난징(南京)에서 베이징(北京)으로 옮기면서 웅장한 자금성을 지었을 때, 당연히 건축 장인들이 부담한 노역이 지극히 무거웠다. 건축 장인들은 자신들이 섬기던 조상신 노반에게 무거운 노역을 완수할 수 있도록 해달라고 기원했다. 자금성 건축이 끝나고 장인들은 무사히 자금성을 지을 수 있었던 것이 노반의 보우하심 덕분이라고 생각해 노반의 은덕에 보답하고자 거대한 노반 사당(魯班廟)을 세웠다. 이후 여기에서 때마다 최고의 예를 갖추어 노반에 제사를 지냈다.

명청(明淸) 이래 전국 각지의 각종 장인들은 노반을 조상신으로 섬겨 제사를 지냈다. 제사를 드리기 위해 각지에 수많은 노반 사당을 세웠는데, 이를 노반묘(魯班廟), 노반전(魯班殿), 공수자사(公

1    기둥에 보를 얹고 그 위에 처마도리와 중도리를 걸고 마지막으로 마룻대를
     올리는 일을 축하하는 의식.

輪子祠), 노반선사사(魯班仙師祠) 등으로 칭했다. 여기에서 삼원오납
(三元五臘)이라는 절기에 맞추어 '노반회(魯班會)'라 불리는 축제를
열었다. 물론 축제에는 제사 의례가 포함되어 있었다. 삼원(三元)
절기는 음력으로 1월 15일, 7월 15일, 10월 15일을 말하고, 오납
(五臘) 절기는 1월 1일, 5월 5일, 7월 7일, 10월 1일, 12월 8일을
말한다.

제사 활동 이외에 장인들이 노반을 공경해 생겨난 습속들도
있었다. 예컨대, 작업을 위해 출장을 나가거나 일이 끝나 집으로
돌아갈 때 쇠몽둥이, 흙손, 도끼, 자루, 먹통 등을 허리에 차고 갔
다. 이러한 공구들을 노반 조상신이 발명하여 전해준 일종의 법
보(法寶), 즉 요괴를 제압하거나 죽일 수 있는 보물로 여겼기 때문
이었다. 말하자면, 노반 신령이 작업을 순조롭게 해줄 것이라고
믿었을 뿐만 아니라, 일상생활에서도 자신의 안전을 지켜줄 것
이라고 믿었던 것이다.

총체적으로 보아 각종 장인들이 노반을 조상신으로 섬겼던 것
은 그가 역사상·전설상 많은 공구를 발명했고, 빼어난 솜씨를 가
졌던 탁월한 장인이었기 때문이다. 해당 업종과 조상신의 관련
성이 매우 단순하고 명확하다. 하지만 각종 구체적인 업종마다
중점을 두거나 특별히 강조하는 노반의 사적이나 전설은 조금씩
달랐다.

목공 장인들은 노반을 조상신으로 섬길 때 그가 목공 공구의

발명자임을 특별히 강조했다. 요컨대, 자기들이 사용하는 잣대를 노반이 발명했다는 의미로 '노반척(老班尺)'이라고 불렀다. 노반이 발명한 잣대가 얼마나 정확하고 신령스러운지를 강조하는 것이다. 목각을 다루는 장인들은 노반이 목수들의 조상신일 뿐만 아니라 목각의 발명자였다고 강조한다.

건축업 장인들은 노반을 건축업의 개창자로 여겼다. 건축 자체는 훨씬 더 오래전에 시작되었지만, 노반의 손에 의해 비로소 규격을 갖추게 되었으니, 노반이 만세의 건축업을 열었다는 것이다. 따라서 그들은 노반 조상신이 베풀어준 창업의 은덕을 잊지 못해 숭배할 수밖에 없다는 것이다.

수레를 만드는 장인들도 노반이 수레를 만든 큰 스승이라는 전설을 근거로 노반을 조상신으로 섬겼다.

일하는 사람들의 '조상신' 이야기

# 03

# 일하는 서민들의 공자(孔子) 숭배

중국에서 공자는 역사상 가장 많이 사람들의 입에 오르내렸던 인물 중의 하나일 것이다. 신앙 및 숭배의 세계에서도 공자는 매우 중요한 존재이다. 한나라 무제(武帝)가 동중서(董仲舒)의 건의를 받아들여 유학을 국가 운영의 지배 이념으로 공인한 이래, 공자는 적어도 지배 세력의 차원에서는 '홀로 존귀한' 독존(獨尊)의 지위에서 내려온 적이 없었다. 19세기 중반 동아시아에 '근대 서구'라는 맞수가 나타나기 전까지는 그랬다. 따라서 전통시기 국가 차원에서 이루어진 공자에 대한 숭배 활동은 극진했다. 내용과 형식은 약간 달랐으나 사실 이런 경향은 20세기 전반기까지 이어졌다.

전통시기 공자숭배 활동은 '사전(祀典)'에 기초하여 진행된 '통사(通祀)'를 통해 이루어졌다. '통사'란 중앙정부는 물론이고 전국의 각급 지방장관이 일률적으로 지내야 하는 제사를 말한다. 공자 제사는 매년 춘추(春秋) 중월(仲月) 상정일(上丁日)에 지냈다. 말하자면, 봄과 가을의 가운데 달(春秋 仲月), 즉 음력 2월과 8월의 상정일에 제사를 지냈다. 상정일은 십이 간지로 날짜를 세었을 때 첫 번째로 '정(丁)' 자가 들어가는 날을 말한다. 이때 가장 크게 제사를 지냈기 때문에 이를 '춘추대제(春秋大祭)'라고도 한다.

'춘추대제'에는 위패, 제물, 제기, 제악, 제문, 제례, 제복 등 엄격한 규정이 적용되었다. 공자 제사를 지내는 사당을 문묘(文廟)라고 하는데, 여기에는 공자 이외에도 사배(四配), 십이철(十二哲), 선현(先賢), 선유(先儒), 숭성사(崇聖祠)가 위계에 따라 배치되었다. 문묘는 점차 유학을 배우는 교육기관으로 진화했고, 공자에 대해 1년에 약 50차례 가량 크고 작은 제사를 지냈다고 한다.

공자는 국가 차원에서 독존의 지위를 누렸지만 일반 민간에서는 그다지 관심을 끌지 못했다. 이미 설명했듯이 기본적으로 민간에서 가장 인기가 높았던 최고의 스타 신령은 관우였다. 그렇다면 일하는 서민들로 이루어진 다양한 업종에서는 공자가 어떻게 취급되었을까? 전술한 리차오에 따르면 의외로 10개의 업종에서 공자를 조상신이나 수호신으로 섬겼다.

### 교육 종사자

공자는 원래 입신양명하여 세상에 자신의 뜻을 펼치려고 했지

공자

03 일하는 서민들의 공자(孔子) 숭배

만 결과적으로 실패하고 최초로 사립학교를 열어 성공한 인물이다. 수많은 제자가 세상에 나가 유학을 전파했고, 그 결과 역사적으로 지대한 영향을 끼치게 된 것이다. 이런 연고로, 사숙(私塾)과 학교의 교직원들이 공자를 조상신으로 숭배했다. 이는 국가 차원에서 지배 세력으로서의 사대부들이 공자를 추앙한 것과는 다르다. 교육 종사자들은 지배 이념을 대표하는 인물이 아니라 사학(私學)을 최초로 창립한 교육자의 조상신으로서 공자를 숭배한 것이다. 사대부들이 공자의 제자(학생)로서 공자를 존숭했다면 교직원들은 공자의 후예로서 공자를 숭배했다.

교육 종사자들은 사대부들보다 공자를 더욱더 끔찍이 존숭했다. 그래서 매월 돈을 내어 공묘(孔廟, 文廟)의 제기나 제물의 문제를 해결했고, 제사에 필요한 비용을 감당했으며, 전담 인원을 두어 공묘를 관리하도록 했다. 또한, 전국 각지의 서당에는 일반적으로 공자의 위패를 모셔두었고 공자 탄신일에는 성대한 제사와 축제를 거행했다.

### 주산(籌算) 제조업

공자는 주산을 만드는 사람들의 조상신으로도 숭배되었다. 전설에 따르면, 노나라 임금이 공자에게 장부를 정산하게 했는데 공자의 계산이 깔끔하지 못했다. 이에 공자의 아내가 꿰어놓은 구슬을 이용해 계산을 해보라고 했다. 그 결과 장부의 계산이 정확해졌다. 나중에 사람들은 꿰어놓은 구슬 이야기를 근거로 공자가 주산을 발명했다고 여겼고, 공자를 조상신으로 섬기게 되었다. 사실 공자는 주산의 발명과는 아무런 관계가 없다. 그래도 공자를 주산의 발명자로 여긴 것은 일종의 '의도된 오해'라고 할 수 있다. 말하자면, 공자는 정신노동을 한 성인(聖人)이므로 주산처럼 뇌를 쓰는 도구는 그가 발명했을 것이라고 짐작했고, 이런 구실로 최고의 성인을 조상신으로 모실 수 있게 된 것이다.

또는 공자가 가르친 수학 과목과 관련이 있을 수가 있다. 전술했듯이 공자는 처음으로 사립학교를 열어 성공한 사람인데, 공자가 학교를 열어 가르친 과목을 육예(六藝)라고 한다. 육예란 예의(禮), 음악(樂), 활쏘기(射), 말 타기(御), 글씨 쓰기(書), 수학(數)을 말한다. 그중에 수학은 주산과 관계가 있다. 그래서 주산을 만드는 사람들이 공자를 조상신으로 섬긴 것이다.

### 비문 탁본 및 탁본 표구 종사자

비문을 탁본하고 이를 표구하는 사람들도 공자를 조상신으로 섬겼다. 이들은 매년 음력 8월 27일 공자 탄신일에 큰 제사를 지낸다. 이들이 공자를 조상신으로 숭배하는 이유는 비문을 탁본하여 소책자로 만드는 일이 문자와 관련이 있기 때문이다. 무릇 문자와 관계가 있는 사람은 모두 '공자의 후예'라는 것이다.

## 악기 연주자

옛날에는 혼인식이나 장례식, 제사나 축제 때 악사들을 불러 악기를 연주하게 했다. 이들은 지역과 시기, 연주하는 악기에 따라 매우 다양한 조상신을 섬겼는데, 그중에는 공자도 있었다. 이들이 공자를 섬긴 것은 공자가 악기 연주자 일을 했던 적이 있었다고 믿었기 때문이었다. 『공자가어(孔子家語)』에 공자가 악사 일을 했었다는 내용이 나온다.

## 그림자극 종사자

본래 베이징의 그림자극(影戱)은 서파(西派)와 동파(東派)로 나눌 수 있는데, 서파는 관음보살(觀音菩薩)을 조상신으로 섬겼고, 동파는 공자를 섬겼다고 한다. 그림자극 종사자들이 공자를 섬기게 된 이유는 분명치 않다. 다만, 동파 그림자극을 창시한 사람이 과거에 급제한 사람이고, 따라서 당연히 공자의 제자(사대부)로서 평소에 공자를 섬겼고, 그래서 공자를 숭배하게 되었다는 것이다. 공자와 그림자극이 어떤 관계가 있었던 것은 아니었다.

이 밖에 정악(正樂)을 연주하는 사람들, 전통 창극 종사자, 걸인, 점쟁이 등도 일부 공자를 숭배했다고 한다. 하지만 이들 업종의 주신은 따로 있다. 공자는 특별한 연고 없이 어쩌다 끼어들어간 격이었다.

## 04

# '문화와 교육의 신'
# 문창제군(文昌帝君) 숭배

중국의 전통 사상과 문화에는 여야(與野)가 있어 견제와 균형을 이루고, 그래서 다양성과 완결성을 동시에 가진다는 특장점이 있다. 사상적으로 지배층에는 유교가 절대적 권위를 가졌던 반면, 민간의 서민층에게는 도교가 있어 양자가 균형을 이루었다. 이런 가운데 문무(文武)의 균형도 이루었다. 문(文)은 유교의 공자가 대표했고, 무(武)는 도교의 관성제군(關聖帝君) 관우가 대표했다. 그런데 문인들이 제일로 숭배했던 대상은 공자였지만 일상에서는 오히려 도교와 관계가 깊은 문창제군(文昌帝君)을 더 많이 숭배하기도 했다. 역시 중국 신앙체계 특유의 다층성과 복합성을 잘 보여준다.

문창(文昌)은 본래 별자리 중의 하나여서 문창성(文昌星) 또는 문성(文星)이라고 칭했다. 먼 옛날에는 문창을 문인의 운세와 관직의 지위를 관장하는 별자리로 여겼다. 그것이 비록 문학을 상징했지만 인격적인 신령은 아니었다. 민간에서 신봉하는 문창제군은 쓰촨성(四川省) 쯔퉁현(梓潼縣) 일대에서 뱀신(蛇神)이나 천둥신(雷神)을 숭배하던 재동신(梓潼神) 신앙에서 유래했다. 여전히 자연신을 숭배하는 차원이었다.

그런데 나중에 장육(張育) 또는 장아자(張亞子) 신앙과 결합하게 된다. 374년 촉(蜀)나라 사람 장육은 스스로 촉왕(蜀王)이라 칭하고 군사를 일으켜 전진(前秦)의 침공에 저항했다. 이때 장렬하게 전사했는데 사람들이 장육의 용맹함을 기념하여 쯔퉁현 칠곡산(七曲山)에 사당(張育祠)을 건립하고 제사를 지냈다. 이때부터 점차 재동신과 장육을 하나의 사당에서 공동으로 숭배하게 됨에 따라, 단순 자연신 숭배에 장육이라는 인격적 충성 이미지가 더해지게 되었다.

송나라 이후 재동신은 과거시험과 밀접한 관계를 갖게 된다. 과거제도는 수(隋)나라 때 시작되었으나 송나라 때부터 사대부들이 관직을 얻을 수 있는 중요한 통로가 되었다. 이후 격렬한 경쟁이 벌어지면서 열심히 공부하는 것 이외에 각종 신령에게 도움을 청하게 된다. 재동신도 쓰촨 지역의 학생들이 시험을 순조롭게 볼 수 있도록 돕는 신령으로 여겨졌다. 특히 남송(南宋) 때에는 꿈에서 재동신을 만나면 과거에 합격할 수 있다는 '재동몽(梓

문창제군

04 '문화와 교육의 신' 문창제군(文昌帝君) 숭배

문창전

일하는 사람들의 '조상신' 이야기

溝梦)' 전설이 전국적으로 퍼지게 되었다. 이로써 재동신은 과거
시험의 신령으로서 전국적 명성을 얻게 되었다.

이후 장육 신앙과 결합되어 있던 재동신 신앙에 문인의 운세
를 관장하는 문창성(文昌星)의 이미지가 덧씌워졌고, 1316년 원(元)
나라 때 재동신이 「보원개화문창사록굉인제군(輔元开化文昌司禄宏
仁帝君)」으로 책봉되면서 재동신과 문창신이 결합되었다. 이로써
문창제군이 하나의 신령으로 정립되었다. 이후 문창제군 신앙
은 명청(明清)시기에 가장 성행했다. 유학자들이 끊임없이 '음사
(淫祀)'라고 비판했지만, 그 영험함에 대한 학생들의 믿음이 이미
오래되어 마음속에 깊이 자리 잡고 있었다. 그렇기 때문에 전국
적으로 광범위하게 퍼졌다. 이에 도교에서 도교 신령의 하나로
수용하여 숭배했을 뿐만 아니라, 청대(清代)에 이르면 국가제사의
하나로 편입되기도 했다.

그렇다면 일하는 서민들로 이루어진 다양한 업종에서는 문창
제군을 어떻게 취급했을까? 리차오에 따르면, 총 8개 업종에서
문창제군을 조상신이나 수호신으로 섬겼다고 한다.

### 교육 종사자

문창제군은 문화와 교육을 주재하는 신령이므로 학교나 학원
에서 보편적으로 섬겼다. 사대부들은 문창제군을 문화와 교육에
공로가 있을 뿐만 아니라 자신의 명운을 주재하고, 과거시험, 학

교 등의 문화교육 사업을 주재한다고 여겼다. 따라서 성심성의를 다해 제사를 지냈고 은혜에 보답하는 예의를 표했다. 그뿐만 아니라 시험 운세와 관운이 크게 일어나게 해달라고 기원했다.

일반 서민들은 평소 토지신(土地神)에 보우하심을 간절히 기원했는데, 학인(學人)들에게 토지신에 해당하는 것이 바로 문창제군이었다. 그러나 향시에 합격한 수재(秀才)들이 과거시험을 잘 보게 해달라고 문창제군에게 빌면 문창제군은 오히려 수재들에게 냉담하여 그들의 과거시험이 순조롭지 못했다고 한다. 이는 역시 '종사(宗師)'이자 조상신으로서 공자의 권위가 더 높았기 때문이었다.

### 종이 제조 및 판매업(紙業)

종이를 만들고 판매하는 업종에서는 대개 채륜(蔡倫)을 조상신으로 섬겼는데, 어떤 지역의 제지업자들은 한유(韓愈)나 주희(朱熹)를 조상신으로 섬기기도 하고, 어떤 지역의 종이상점(紙店)에서는 문창제군을 수호신으로 섬겼다고 한다. 종이상점에서 문창제군을 섬긴 이유는 역시 문창제군이 문화와 교육의 신령이었기 때문이었다. 종이는 본래 문교(文敎)와 큰 관계가 있다.

### 도서 판매업(書坊業)

도서를 취급하는 업자들도 문창제군을 조상신으로 섬겼는데,

일하는 사람들의 '조상신' 이야기

역시 기본적으로는 서점이 문화 및 교육(文教)과 깊이 관련되어 있기 때문이다. 그뿐만 아니라, 진시황제(秦始皇帝)가 분서(焚書)를 했을 때 문창제군이 수많은 서적을 쓰촨의 이유산(二酉山)이라는 곳에 숨겨두어 분서의 액운을 피할 수 있었다는 전설도 영향을 끼쳤다고 한다. 실제 그런 일을 했던 사람은 복승(伏勝)이라는 진(秦)나라의 학자였다.

이 밖에 많은 도서 판매업자가 화신을 수호신으로 섬겼는데 이는 업종의 특성상 화재가 매우 치명적인 재앙이었기 때문이었다. 재앙의 근원이 되는 화신에게 미리 잘 보이려는 것이다.

### 각자업(刻字業, 鐫碑業)

조판 인쇄를 위해 글자를 새기는 일, 비석에 글자를 새기는 일에 종사하는 사람들도 공자나 문창제군, 주희(朱熹)를 조상신으로 섬겼다. 이들은 스스로 '문인(文人)'과 같은 길을 가는 동행자라고 여겼기 때문이다. 역시 문인들이 공자나 문창제군을 문화와 교육의 신령으로 숭배했으므로 자신들도 문창제군을 조상신으로 섬겨야 한다는 것이다.

### 금갑업(錦匣業) 및 명의업(冥衣業)

금갑(錦匣)은 증정품이나 진열품을 담는 상자를 말한다. 명의(冥衣)는 죽은 사람을 위해 불사르는 종이옷(冥衣)이다. 금갑점(錦匣

店)과 명의포(冥衣舖)에서 일하는 사람들도 문창제군을 조상신으로 숭배했다. 문창제군이 문화와 교육의 신이었기 때문인데, 관련성이 명확하지는 않지만 이들 업종이 일정 정도 문화와 관련이 있다는 것이다.

### 책 읽어주는 일(說書業)

책을 읽어주는 일을 뜻하는 설서(說書)에는 두 종류가 있는데, 하나는 순수하게 책 내용을 이야기해 주는 것이고, 또 하나는 이야기와 함께 노래를 부르는 것이다. 후자에는 장단을 맞추는 고수(鼓手)도 포함된다. 이들은 주로 주장왕(周莊王)을 조상신으로 섬겼는데, 일부 공자나 문창제군을 숭배하기도 했다.

이들이 문창제군을 조상신으로 섬긴 이유는 문창제군의 환생 설화와 관련이 있다. 문창제군은 수십 차례 환생하여 세상에 내려왔는데, 한 번은 박학다식한 황제의 아우로 환생했다. 그는 가만히 머물러 있기를 원치 않아서 늘 천하를 이리저리 돌아다녔다. 돌아다니면서 사람들에게 역사와 시사(時事)에 대해 강연했고 많은 백성의 환영을 받았다. 이리하여 문창공(文昌公)으로 봉해졌다. 이후에도 문창공은 각지를 돌아다녔고 이야기를 전했고, 황제의 명령에 따라 그에게 각종 편의가 제공되었다. 말하자면 책 읽어 주는 일을 하는 사람의 원조였다고 할 수 있다. 그뿐 아니라, 책 읽어주는 일 자체가 문화 및 교육과 관련된 일이니 문교

(文敎)의 신령인 문창제군을 조상신으로 섬겨도 이상할 것이 하나
도 없다.

04 '문화와 교육의 신' 문창제군(文昌帝君) 숭배

# 05

# '일하는 '염황자손(炎黃子孫)'들의
# 삼황오제(三皇五帝) 숭배

중국 허난성(河南省) 정저우(鄭州)에서 서남쪽으로 3km 정도 가면 황하풍경명승구(黃河風景名勝區)가 나온다. 그곳에는 황하를 바라보고 있는 두 인물을 새겨 만든 거대한 석상이 있다. 중국 신화에 나오는 염제(炎帝)와 황제(黃帝)를 형상화해 놓은 '염황이제(炎黃二帝) 조각상'이다. 태항산(太行山)의 진석(眞石)을 옮겨 만든 것으로 높이가 51m에 이른다. 20년에 걸친 작업 끝에 2007년 완성되었다. 모두 1억 8000위안(한화 약 308억 원)의 제작비가 투입되었는데 정부의 지원 이외에 화교와 기업의 적극적인 기부로 비용이 충당되었다고 한다.

거대한 염제와 황제의 석상을 중국 문명의 발원지인 황하 유역 중원의 한가운데에, 그것도 해외 화교를 포함한 '화인(華人)'의

염황이제 조각상

일하는 사람들의 '조상신' 이야기

광범위한 모금을 통해 만든 것은 '염황자손(炎黃子孫)'으로서의 자부심을 드러내려는 것이다. 중국에는 전통적으로 '염황자손, 불망시조(炎黃子孫, 不忘始祖)'라는 말이 있다. '염제와 황제의 자손은 시조를 잊지 않는다'는 뜻이다. 중국인 스스로 같은 조상의 후손이라는 정체성을 통해 일체감과 문화적 자긍심을 발양하려는 의도가 오늘날까지 이어지고 있음을 알 수 있다.

이러한 염제와 황제는 삼황오제(三皇五帝)에 속해 있다. 삼황오제는 전국시기의 『주례·춘관·외사(周禮·春官·外史)』에 처음 언급된 이래, 다양한 용례로 사용되었기 때문에 누구를 지칭하는지는 일정하지 않다. 삼황(三皇)의 경우 여섯 가지 용례가 있는데, (1) 천황(天皇), 지황(地皇), 태황(泰皇), (2) 천황, 지황, 인황(人皇), (3) 복희(伏羲), 여와(女媧), 신농(神農), (4) 복희, 신농, 축융(祝融), (5) 복희, 신농, 황제, (6) 수인(燧人), 복희, 신농 등이다. 오제(五帝)는 세 가지 용례가 있는데, (1) 황제, 전욱(顓頊), 제곡(帝嚳), 당요(唐堯), 우순(虞舜), (2) 태호(太皡=伏羲), 염제(炎帝=神農), 황제, 소호(少皞), 전욱, (3) 소호(少昊=少皞), 전욱, 고신(高辛=帝嚳), 당요, 우순 등이다.

주지하듯이, 삼황오제는 '신화적인' 존재로서 중국, 중국인, 중국 문화의 원류 내지 정체성을 상징한다. 특히, 복희, 여와, 신농(염제), 황제, 수인, 축융, 요제(堯帝), 순제(舜帝) 등 중국 문명의 기원을 밝히는 신화에 자주 등장하는 주인공들이 다수 포함되어 있다. 예컨대, 복희와 여와는 창세의 남녀 주인공일 뿐만 아니라,

05 일하는 '염황자손(炎黃子孫)'들의 삼황오제(三皇五帝) 숭배

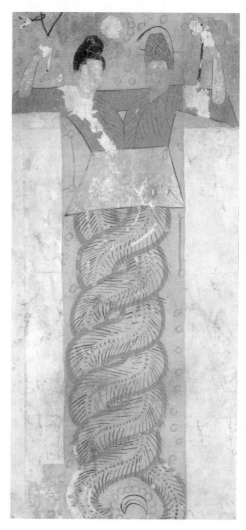

복희여와도

일하는 사람들의 '조상신' 이야기

수렵, 어로, 불, 문자, 음악, 혼인 등 문명 창조의 주체를 상징한다. 신농은 농업과 상업을 인간들에게 가르쳤고, 의학과 약학에 통달한 존재였다. 황제는 통합된 나라의 최초 통치자일 뿐만 아니라, 가옥, 우물, 절구, 활, 수레, 배, 옷, 신발, 달력, 악기 등 인간에게 필요한 많은 물건을 발명했다. 수인은 인공으로 불을 얻는 방법을 창안했고 음식을 익혀 먹는 방법을 전해주었다. 축융은 불을 관장하는 존재로 인식되었고, 요순(堯舜) 임금은 '태평성대의 선정(善政)'을 상징했다.

근대 이후의 인류는 문명의 기원을 고고학이라는 과학을 통해 밝히려고 하지만, 옛사람들은 훨씬 더 오랫동안 이야기를 통해 궁금증을 풀어왔다. 그 이야기가 신화로 남아 있다. 이러한 신화가 전해져 내려오면서 삼황오제는 중국인 스스로의 존재론적 기원으로 여겨졌고 광범위한 숭배의 대상으로 섬겨졌다. 더욱이 이들이 문명의 여러 가지 요소들을 창시한 존재로 여겨졌으니 여러 업종의 조상신으로 숭배될 개연성이 높았다. 그렇다면 일하는 서민들 중에는 어떤 업종이 삼황오제를 숭배했을까?

## 농업

역사상 농업에 종사하는 사람이 절대 다수를 차지했기 때문에 하나의 직종으로서 농사꾼이 숭배했던 조상신이나 수호신도 매우 다양했다. 예컨대, 팔사(八蜡), 후직(後稷), 토곡신(土穀神), 청

05 일하는 '염황자손(炎黃子孫)'들의 삼황오제(三皇五帝) 숭배

묘신(靑苗神), 우박신(雹神), 벌레신(蟲神), 우리신(圈神), 제방신(塘神), 면화신(棉花神), 우왕(牛王) 이외에도 복희, 신농, 황제 등 삼황(三皇)을 널리 섬겼다.

농업에서 삼황을 조상신으로 섬긴 이유는 복희의 경우 팔괘(八卦)를 그려 사방(四方)을 정하고 그물을 만들어 고기잡이를 가르쳤기 때문이다. 또한, 신농은 오곡(五穀)을 심고, 농사를 일으키고, 여러 약초를 맛보아 효능을 알아내고, 약초를 가꾸는 밭을 개간했기 때문이다. 황제는 농기구를 발명하고, 절기(節氣)를 정했기 때문이다. 모두가 농사에 필요한 것들을 발명한 문화 창조자이다.

그중에서도 신농(神農=炎帝)이 농사일을 가르쳤다는 전설의 주인공으로 가장 널리 알려져 있다. 그래서 지역에 따라 신농만을 조상신으로 숭배하는 농민들도 많았다. 고대 문헌에는 신농과 농업의 관계에 대해 많은 기록이 남아 있는데, 신농은 복희를 계승한 성인(聖人)으로서 많은 농기구를 발명했으며, 백성들에게 오곡백과를 심고 가꾸는 방법을 가르쳤던 존재로 기록되어 있다. 이에 농민들이 신농에게 제사를 드리는 풍속이 전국 각지에서 매우 중요하게 행해졌다.

### 의약업

의사, 약포(藥舖), 약재상, 약초 재배 농민, 의학교 교사 등은 모두 나름의 의약 관련 신령을 섬겼는데, 복희, 신농, 황제를 비롯해 손사막(孫思邈), 편작(扁鵲), 화타(華佗), 비동(邳彤), 여동빈(呂洞賓), 이시진(李時珍), 보생대제(保生大帝), 안광낭랑(眼光娘娘), 이철괴(李鐵拐) 등 매우 다양했다. 대개는 복희, 신농, 황제 등 삼황을 '약황(藥皇)'이라고 부르며 주신으로 삼고, 나머지 역사상의 명의(名醫)들을 배석시켜 제사 드리는(陪祀) 방식이었다.

의약업이 삼황을 '의약의 시조'로 숭배하는 것은 삼황과 의약의 관계에 관한 신화와 전설에 근거를 두고 있다. 요컨대, 신농과 관련해, 그가 '온갖 풀(百草)의 맛을 보아 약성(藥性)을 분별해내고 약초로 삼았다'는 전설이 곳곳에 기록되어 있다. 또한, 여러 의학 서적을 저술하여 병을 치료했다고 전해진다. 말하자면, 의술이 그로부터 시작되었다는 것이다.

황제는 음양오행의 이치를 깨우쳐준 존재로 여겨졌기 때문에 의사들로부터 조상신으로 숭배되었다. 주지하듯이 전통적인 중의학은 '음양오행설'에 철저히 근거하고 있다. 또한, 황제는 신하인 기백(岐伯)으로 하여금 초목의 맛을 보아 약초에 관한 책을 쓰라고 지시했었다는 전설도 있다.

복희는 팔괘를 만들어 백성이 길흉(吉凶)을 알게 했다는 전설과 관련 있다. 말하자면, 질병이 기본적으로 길흉화복과 밀접히 관련되어 있으므로 복희에게 제사를 지냈다는 것이다.

**미장이**(미장공)

흙을 만지며 일하는 미장공들도 삼황을 조상신으로 섬겼다. 그중에서도 여와(女媧)를 주신으로 섬겼다. 삼황을 섬겼지만 실질적으로는 여와를 숭배한 것과 마찬가지이다. 여와는 사람을 만든 창세의 여신으로 유명하다. 처음에는 흙을 정성스럽게 빚어 사람을 만들었으나 시간이 지체되자 흙을 공중으로 뿌렸는데 점점이 흩어진 흙 알갱이들이 사람이 되었다고 한다. 전자는 고귀한 사람이 되었고 후자는 미천한 사람이 되었다. 이처럼 여와(女媧)와 미장공 사이에는 흙이라는 공통분모가 있었다. 그뿐만 아니라 미장공이 벽면을 작업할 때는 다섯 가지 색상을 사용하는데, 이는 여와가 무너진 하늘을 떠받치기 위해 사용했던 오색석(五色石)과 관련이 있다.


**도량형**

도량형을 취급하는 사람들도 복희, 신농, 황제를 조상신으로 섬겼다. 이는 이들 삼황이 도량형을 창제했다는 전설과 깊은 관계가 있다. 특히, 쓰촨(四川) 네이장(內江)의 삼황묘(三皇廟)에 걸려 있는 복희 초상화에는 태극도(太極圖)라는 도량형이 손에 들려 있다. 복희가 팔괘를 창안했다는 전설도 관련이 있다.

### 의류업

옷을 만들거나 판매하는 의류업은 대개 황제(軒轅)를 조상신으로 섬겼다. 그래서 옷을 만들 때 사용하는 자를 '헌원척(軒轅尺)'이라고 부르기도 했다. 의류업이 황제를 조상신으로 섬긴 것은 황제가 복장(服裝)을 발명했다는 전설에 근거를 두고 있다. 특히 백여(伯餘)와 호조(胡曹)가 황제의 명령에 따라 옷을 만들었다고 한다.

지역에 따라 복희, 신농, 황제 등 삼황을 포괄해 신봉하기도 했다. 특히 베이징의 경우, 의류업 종사자들이 매우 많아 대규모 회관을 건축했는데 회관 안에 있는 신전(神殿)에는 삼황신상(三皇神像)을 모셨다. 이들은 삼황이 먹고, 입는 문제를 해결해 주었다고 믿었기 때문에 함께 숭배했던 것이다. 옷과 관련이 깊은 황제를 주신으로 삼은 것으로 보아 먹는 것보다 입는 것을 중시했었나 보다.

### 모자업(帽業)

모자를 취급하는 업종에서도 복희, 신농, 황제 등 삼황을 조상신으로 섬겼다. 하지만 실질적으로는 황제를 조상신으로 숭배했다. 이는 황제가 의관(衣冠)을 발명한 존재라고 믿었기 때문이었다.

**06**

# 중국 신화의 주인공들,
# '문명 창조자'에 대한 숭배

앞에서 여러 업종의 삼황오제(三皇五帝) 숭배에 대해 살펴보았다. 삼황오제는 중국, 중국인, 중국 문화의 원류 내지 정체성을 상징하는 '신화적인' 존재이다. 특히, 복희(伏羲), 여와(女媧), 신농(神農), 황제(黃帝), 수인(燧人), 축융(祝融), 요제(堯帝), 순제(舜帝) 등 중국 문명의 기원을 밝히는 신화에 자주 등장하는 주인공들은 개별적인 존재라기보다는 인류의 문명을 창조한 '문명 창조의 주체'를 대표한다고 할 수 있다. 따라서 그들이 '창조한' 문명을 이어받아 관련 업종에 종사하는 사람들이 자신의 조상신이자 수호신으로 그들을 섬겼던 것은 매우 자연스럽다.

문명 창조자로서의 삼황 이미지

일하는 사람들의 '조상신' 이야기

## ❀ 복희(伏羲)

복희는 여와와 함께 창세의 남녀 주인공일 뿐만 아니라 수렵, 어로, 불, 문자, 음악, 혼인 등 다양한 인류 문명을 창조한 주체를 상징한다.


### 사설 경호업체(保鏢業)

사회적 혼란으로 도적이 창궐하고 대체로 교통이 불편했기 때문에 중국에서는 전통시기부터 재산과 인신을 보호하는 전문 경호업체가 성행했다. 이를 '보표업(保鏢業)'이라고 한다. 이에 종사하는 사람들은 모두 무사로서 '보표(保鏢)', '표사(鏢師)', '표객(鏢客)'이라 불렸다. 개인이 경호 관련 영업을 하는 경우도 있었으나, 대개 업체를 차리는 경우가 많았다. 이들 경호업체를 '표국(鏢局)' 또는 '표점(鏢店)'이라고 했다.

이들은 대개 복희, 달마(達摩), 악비(岳飛)를 조상신이나 수호신으로 섬겼다. 복희는 대개 태극문(太極門)의 무공을 익힌 경호원들이 조상신으로 섬겼는데, 이는 복희가 태극과 관계가 깊은 팔괘(八卦)를 처음으로 그렸다는 전설에서 유래했다. 달마는 소림(少林) 무술 내지 중국 무술 전체를 창시한 존재로 여겨지기 때문이다. 충성과 보국(報國)을 상징하는 악비는 대개 무덕(武德)을 중시하는 경우에 수호신으로 섬겼다.

## 수렵 및 어업

어업에 종사하는 사람들은 낚시를 상징하는 강태공(姜太公)과 함께 복희를 조상신으로 섬겼다. 어민이 복희를 숭배한 것은 복희가 처음으로 물고기 잡는 그물을 발명했고 사람들에게 물고기 잡는 법을 가르쳐 주었다고 믿었기 때문이다. 그뿐 아니라, 중국 고전에서는 복희를 수렵의 신령으로 묘사하곤 했는데, 아주 먼 옛날부터 수렵에 종사했던 일반의 사람들에게 조상신으로 숭배되었던 것이다.

## 점복업(占卜業)

팔괘(八卦)를 가지고 점을 치는 사람들은 대부분 복희와 주문왕(周文王)을 조상신으로 섬겼다. 복희와 주문왕이 최초의 점복서(占卜書)라고 할 수 있는 『주역(周易)』을 공동 저술했다고 여겼기 때문이다. 말하자면, 복희가 팔괘를 처음으로 그리고, 주문왕이 이를 풀이해 썼다는 것이다. 이들 점술가는 괘(卦)를 계산하기 전에 반드시 복희와 주문왕의 신상(神像)에 경배하여 순조로운 점괘를 기원했다.

## 종려나무 수공업

종려나무 털(椶毛)을 꼬아 실을 만들고 이것으로 침대 커버, 도롱이, 브러시, 카펫 등을 만드는 수공업 종사자들도 복희를 조상

신으로 섬겼다. 종려나무 장인들이 복희를 숭배한 것은 복희가
최초로 그물 만드는 법을 사람들에게 가르쳐주었다는 전설과 관
계가 있다. 이들도 그물을 만들 듯이 종려나무 털을 꼬아 끈을
만들고 이것을 엮어 침대 커버 등을 만들었던 것이다.


## ༄ 여와(女媧)

여와는 창세신화의 대표적인 여자 주인공이라고 할 수 있다.
창세신화에 걸맞게 황토를 빚어 사람을 만들었고, 난세에 하늘
이 갈라지자 오색석(五色石)을 녹여 그 틈을 메웠다는 신화로 잘
알려져 있다.

### 추이탕런(吹糖人, 사탕 공예품을 파는 노점상)

물엿으로 만든 '추이탕런(吹糖人)'이라는 공예품을 파는 노점상
들이 여와를 조상신으로 섬겼다. 이는 여와의 창세신화와 관계
가 깊다. 여와는 황토를 빚어 모양을 내고 여기에 숨을 불어넣어
사람을 만들었다는 전설로 잘 알려져 있다. '추이탕런'도 물엿을
끓여 모양을 내고 숨을 불어넣으면서 만든다. 또한 물엿을 끓일
때 쓰는 냄비 같은 국자(馬勺)는 여와가 갈라진 하늘을 메우기 위
해 돌을 녹일 때 쓰던 도구에 비유되었다.

추이탕런

추이탕런

06 중국 신화의 주인공들, '문명 창조자'에 대한 숭배

**석탄업**(煤業)

일부 지역의 석탄업 종사자들도 여와를 조상신으로 섬겼다. 예컨대, 산시(山西) 펑딩현(平定縣)에는 인근의 동부산(東浮山)에 여와가 갈라진 하늘을 메우기 위해 오색석(五色石)을 녹였던 부뚜막이 있었다는 전설이 있다. 이때 석탄을 연료로 돌을 녹였다는 것이다. 여와는 석탄을 사용한 창시자로 여겨졌고, 해당 지역의 석탄업자들이 여와를 자신의 조상신으로 섬기게 된 것이다.

**우산 제조업**

일부 지역의 우산 제조업자들은 장인을 대표하는 노반(魯班)에 덧붙여 여와를 조상신으로 섬겼다. 이것도 여와가 오색석(五色石)을 녹여 하늘의 갈라진 틈을 메웠다는 신화와 관련이 있다. 우산업자들은 비가 내리는 것을 하늘에 틈이 생긴 것이라고 여겼다. 따라서 우산을 만드는 것은 하늘의 틈을 메우는 것과 같은 일이된다. 다만 오색석을 우산살로 치환했을 뿐이다. 따라서 하늘의 틈을 메운 여와를 조상신으로 섬기게 된 것이다.

**⊗신농**(神農)

신농은 처음으로 농업과 상업을 인간들에게 가르쳤고, 의학과 약학에 통달한 존재로 잘 알려져 있다.

일하는 사람들의 '조상신' 이야기

**양식업**(糧食業)

양식업은 식량을 팔고, 저장하고, 가공하는 일을 모두 포함한다. 이는 매우 주요한 사업 중에 하나였으므로 여러 신령이 조상신이나 수호신으로 숭배되었다. 신농(神農)도 그중에 하나였다. 신농은 중국 신화나 전설 중에서 가장 저명한 '농사의 신'으로서, 농사를 발명하여 백성들에게 가르쳤고 오곡백과를 풍성하게 한다고 전해졌다. 따라서 농사의 결실인 식량을 다루는 사람들이 신농을 조상신으로 숭배했던 것은 자연스럽다. 특히, 신농의 탄신일에 성대한 제사를 드렸을 뿐만 아니라, 되박이 올바른지를 확인하는 행사를 가졌다. 이는 신령의 권위를 빌려 거래의 공정성과 질서를 확보하려는 것이었다.

### ❽ 황제(黃帝)

황제는 통합된 나라의 최초 통치자일 뿐만 아니라, 가옥, 우물, 절구, 활, 수레, 배, 옷, 신발, 달력, 악기 등 인간에게 필요한 많은 물건을 발명했다.

**활 및 화살 제조업**(弓箭業)

활과 화살을 제조해 판매했던 사람들은 황제를 조상신으로 숭배하고, 역사상의 저명한 신궁(神弓)들을 수호신으로 섬겼다. 대

帝俈高辛者黄帝之曾孫也

황제

일하는 사람들의 '조상신' 이야기

개 궁전회관(弓箭會館)의 사당에는 황제가 중앙에 모셔져 있고 여러 신궁이 좌우에 배치되었다. 황제를 조상신으로 숭배한 근거는 황제와 황제의 신하인 휘(樺)라는 인물이 활과 화살을 발명했다는 전설에 있다.

### 모직물 제조업(毛織品業)

모직물 제조에 종사하는 사람들이 일부 황제를 조상신으로 섬겼다. 그 이유는 황제를 관모(冠帽)와 의상(衣裳)을 발명한 존재로 여겼기 때문이다.

### 치료 무당(巫醫)

무당은 워낙에 사람들을 위해 신령에게 기도하는 직업이므로 매우 다양한 신령을 조상신으로 섬겼다. 개중에 질병 치료를 전문으로 하는 무당은 대개 황제를 조상신으로 섬겼다. 그 이유는 부적과 주문으로 질병을 치료하는 주술(祝由之術)을 황제가 만들었다고 여겼기 때문이다. 이런 전설은 지역에 따라 황제의 신하와 관련되어 있기도 하다. 요컨대, 황제에게는 기백씨(岐伯氏)와 축유씨(祝由氏)라는 신하가 있었는데 모두 훌륭한 의사였다. 그중에 축유씨는 부적을 써서 질병을 치료하는 능력이 탁월했다.

### 안경업(眼鏡業)

안경업자들도 황제를 숭배했다. 이는 황제가 거울을 발명했다는 전설과 관련이 있다. 안경(眼鏡)도 거울(鏡)의 일종이기 때문이다.

### 솜틀집(彈花業)

솜을 타는 솜틀집 종사자들도 황제를 조상신으로 섬겼다. 이는 황제가 관모와 의상의 발명자라는 전설과 관련이 있다. 말하자면, 관모 및 의상이 솜(면화)과 관련이 있기 때문이다.

### 신발업(靴鞋業)

신발을 만들고, 수리하고, 판매하는 일에 종사하는 사람들은 대개 신발을 발명한 인물로 여겨지는 손빈을 조상신으로 섬겼지만, 동시에 황제를 숭배하기도 했다. 황제가 손빈에 앞서 신발을 발명했다는 전설과 관련이 있다.

일하는 사람들의 '조상신' 이야기

# 07

# 노자(老子)의 신격화 버전,
# '노군(老君)' 숭배

주지하듯이 중국 사상은 이른바 '제자백가(諸子百家)'를 통해 기본적인 내용과 골격(원류)이 완성되었다. '제자백가'는 대변혁의 시대인 춘추전국시기(春秋戰國時期, BC770~AD221) 일군의 지식인들에 의해 전개된 사상운동이자 최초의 체계적인 학술사상운동이라고 할 수 있다. 당시 적자생존의 소용돌이 속에서 새로운 질서원리가 요청되었기 때문에 지식인들이 이것을 찾아 나섰던 것이다. 제자백가는 선택과 집중을 통해 춘추전국의 혼란을 해결할 방안을 찾았고, 상주시기(商周時期) 이전부터 축적되어 온 고대문화를 집대성하면서 성립했다. 제자백가는 풍요로운 중국 사상과 문화의 원천으로서 일정한 사상적 완결성을 가지고 오늘날까지 이어지고 있다.

제자백가 중에서 가장 체계적이고 후대에 지대한 영향을 끼친 학파는 역시 공자의 유가(儒家)와 노자(老子)의 도가(道家)이다. 유가는 대체로 지배층의 생각과 삶을 규율했고 도가는 기층 민중의 삶 속에 깊이 뿌리내렸다. 유가가 공동체의 운영을 책임지는 여당이라면, 도가는 여당을 견제하는 야당의 역할을 해왔다고 할 수 있을 것이다. 저명한 중국 과학사의 세계적인 권위자 조지프 니덤(Joseph Terence Montgomery Needham, 1900~1995)은 이를 두고 '중국에 도가사상이 없었다면 중국이라는 거목은 뿌리부터 썩어 문드러졌을 것'이라고 했다. 아무튼 두 가지 매우 이질적인 사상체계가 서로 견제하면서 균형을 이루었다는 점, 즉 일정한 완결성을 가졌다는 점은 중국 사상의 특징적 면모이자 최고의 장점이라고 할 수 있다.

일반 민간신앙은 물론 '행업신' 숭배에서도 공자와 노자는 매우 중요한 위치를 차지했다. 일하는 서민들의 공자 숭배에 대해서는 이미 앞에서 다룬 바 있다. 여기에서는 노자(老子)를 살펴보겠다. 노자가 사상가가 아니라 신격화되어 도교의 교주로서 또는 신앙의 대상으로서 숭배될 때는 대개 '태상노군(太上老君)'이라고 불렀다. 줄여서 '노군(老君)'이라고도 한다.[1]

노자는 춘추 말기에 활동한 인물로 공자보다 나이가 많다. 고

---

[1]  아래의 노자에 대한 언급은 张作舟, 「老子、老君信仰的历史考察」, 『中華文化論壇』, 第3期(2014), pp.101~104 참조.

일하는 사람들의 '조상신' 이야기

대의 역사와 제도에 대한 지식이 깊어, 공자가 노자를 방문해 '예(禮)'에 대해 물었다는 일화가 전해진다. 그는 '은자(隱者)'의 이미지도 갖고 있는데 주(周)나라가 쇠퇴하자 푸른 소(靑牛)를 타고 함곡관(函谷關)을 지나 세상에서 사라지려고 했기 때문이다. 그런데 이때 함곡관의 관리(官吏)였던 윤희(尹喜)가 노자에게 책을 쓸 것을 권고했고 이에 『도덕경(道德經)』이 나오게 되었다고 한다.

한나라 초기에는 진나라의 폭정에 지친 백성들이 쉴 수 있도록 비교적 온건하고 부드러운 황로(黃老) 사상에 기반을 둔 조용한 통치 방법을 택했다. 여기에서 '황로'란 황제(黃帝)와 노자(老子)를 가리킨다. 그래서 자연스럽게 노자에 대한 관심이 고조되었다. 이런 관심은 점차 숭배의 차원으로 발전한다. 이에 후한(後漢)시기에 이르러 황제(皇帝)가 노자에게 제사를 지내기 시작했다. 신앙의 차원으로 넘어가면서 노자는 도교의 교주로 섬겨졌고, 『도덕경』은 도교의 경전으로 신성함을 갖추게 되었다. 사상가였던 노자가 신격화되어 도교의 교주가 된 것인데, 이때부터 노자는 '태상노군(太上老君)'으로 불리게 되고 삼라만상을 주재하는 최고의 신령 중에 하나가 되었다.

신령이 된 노자는 여러 가지 고결한 모습으로 환생했고 그의 일생은 일반인과 달라야만 했다. 예컨대, 그의 어머니는 유성(流星)의 기운을 받아 노자를 잉태했고, 무려 81년 동안이나 노자를 임신하고 있었다. 노자는 태어나자마자 말을 할 수 있었고 백발

태상노군

일하는 사람들의 '조상신' 이야기

이 성성한 노인이었다. 그래서 노자라고 했고 이는 살아 있는 신선이 세상에 내려온 것으로 여겨졌다.

노자의 신격화 버전인 태상노군은 『서유기(西遊記)』, 『봉신연의(封神演義)』, 『팔선전(八仙傳)』 등의 민간 소설을 통해 대중에게 광범위하게 유포되었고, 민간신앙에서 매우 중요한 신령이 되었다. 특히 『서유기』의 저자는 각종 에피소드에서 태상노군이 지극히 높은 지위를 가진 신령임을 암시했다. 노군은 이미 창세 신령이었을 뿐만 아니라 만물을 질서 있게 하고 세상 사람들을 교화하는 신성한 존재였다.

그렇다면 일하는 서민들로 이루어진 다양한 업종에서는 노군(老君)을 어떻게 취급했을까? 리차오에 따르면 10여 종의 업종에서 노군을 조상신으로 섬겼다.


## 금속공업

금속공업에는 금, 은, 동, 철, 주석을 다루는 장인 및 금속 제련 주조 기술자, 땜질을 하는 땜장이, 금속기기를 취급하는 장사꾼 등이 모두 포함된다. 모두 금속 및 용광로와 관련이 깊다. 이들은 여와(女媧), 여동빈(呂洞賓), 화신(火神) 등등 여러 종류의 조상신을 섬겼는데 노군도 '화로의 신(爐神)'이라 칭해지며 각지의 금속공업 종사자들이 보편적으로 숭배했던 조상신 중에 하나였다. 일례로 전통시기 산시(山西)에서는 금속공업을 '노군의 사업(老君

行)'이라고 불렀다고 한다.

금속공업 종사자들이 노군을 조상신으로 숭배하는 까닭은 노군이 전설상에 '화로의 신(爐神)'으로 나오기 때문이다. 이러한 전설에는 많은 버전이 있는데, 예컨대 노군이 팔괘로(八卦爐=老君爐)를 가지고 황금이나 불로장생의 약(丹)을 제련해(煉丹) 냈다는 것이다. 일례로 『서유기』에서는, 노군이 손오공을 팔괘로에 넣어 장생불사의 환약(丹)으로 제련해 내려고 했다. 대개 노군의 화로(老君爐)에서는 연단(煉丹)뿐만 아니라 병기나 각종 철기도 제련해 낼 수 있었고, 노군이 친히 화로의 불을 지피고 쇠를 두들겼다고 전해진다. 또한, 어떤 민속가요에서는 건장한 대장장이를 노군의 제자로 묘사하기도 했다.

노군이 도교의 교주에 해당한다는 점도 관련이 있다. 말하자면, 도교의 승려인 도사들이 연단로(煉丹爐)를 가지고 금은(金銀)을 제련했기 때문에, 같은 일을 하는 금속공업 종사자들이 도사들의 스승인 노군을 조상신으로 섬기게 되었다는 것이다.

### 도자기업

도자기를 만드는 업종은 전통적으로 유서가 깊기 때문에 지역에 따라 매우 다양한 조상신을 섬겼다. 노군도 그중에 하나이다. 노군을 도자기 굽는 '가마의 신(窯神)'으로 섬기게 된 것은 역시 노군로(老君爐)를 가지고 연단(煉丹)을 했다는 전설과 관련이 있다.

일하는 사람들의 '조상신' 이야기

또한, 구체적으로 노군이 '팽성 주발(彭城碗)'과 '의정 질그릇(義井砂鍋)'의 제작 방법을 창시해 전해주었다는 전설이 도공들의 노군 숭배에 영향을 끼쳤다.

### 벽돌·기와 제조업

벽돌과 기와도 불로 구워 만든다는 점에서 금속공업이나 도자기업과 유사한 측면이 있다. 역시 벽돌공이나 기와공도 노군이 불가마를 만들었다거나, 팔괘로 또는 노군로(老君爐)로 불리는 화로를 만들었다는 전설과 관련해 노군을 조상신으로 섬겼던 것이다.

### 석탄업

지역에 따라 석탄업자들도 노군을 '화로의 신(爐神)'이나 '가마의 신(窯神)'이라고 칭하며 조상신으로 섬겼다. 이는 역시 화로나 불가마에 석탄을 사용했던 것과 관련이 있다.

### 제당업

지역에 따라 제당업자들도 노군을 조상신으로 숭배했다. 특히, 설탕을 끓이는 일을 하는 직공들이 노군에 주목했다. 이는 설탕을 끓일 때 화로를 사용했던 것과 관련이 있다. 전술했듯이 노군을 '화로의 신(爐神)'으로 여겼기 때문이다.

## 방앗간

방앗간에서도 노군을 신성하게 여겼다. 일례로 방앗간에는 하나의 금기사항이 있었는데 채찍을 손에 든 사람은 절대 방앗간 안으로 들어갈 수 없었다. 이는 노군이 푸른 소(靑牛)를 타고 다녔다는 전설 때문이다. 채찍을 손에 들고 있으면 노군이 타고 다니던 소를 놀라게 해 달아나게 할 염려가 있다는 것이다.

방앗간에서 노군을 조상신으로 섬긴 이유는 방앗간이 맷돌을 돌리기 위해 소의 힘을 이용했던 것과 관련이 있다. 노군은 전설상 소와 말을 마음대로 부릴 수 있는 존재로 여겨졌다. 일례로 『서유기』에는 '독각시대왕(獨角兕大王)'이라는 마왕이 나오는데 이는 본래 태상노군이 타고 다니던 '푸른 소(靑牛)'였다. 독각시대왕은 '금강탁(金剛鐲)'이라는 무시무시한 무기가 있어 손오공과 대등한 싸움을 벌였는데 결국 태상노군이 도망쳤던 청우(靑牛)를 굴복시켜 다시 천상으로 데려가면서 이야기가 마무리된다. 민간에서 노군은 청우를 타고 다니는 모습으로 형상화되어 있다.


## 편자 직공

말에 편자를 박는 일을 하는 장인도 노군을 조상신으로 숭배했다. 이들이 노군을 섬긴 이유도 역시 『서유기』에서 노군이 청우(靑牛)를 굴복시켜 코에 고삐를 끼우고 꼼짝 못 하게 만들었다는 이야기와 관련이 있다. 말하자면, 노군에게 소나 말을 복종시

청우를 타고 있는 노자

7. 노자(老子)의 신격화 버전, '노군(老君)' 숭배

키는 능력이 있다고 여겨 조상신으로 삼았던 것이다.

### 걸인(乞人)

걸인은 구걸을 생업으로 삼는다. 중국 역사상 걸인들은 송원
(宋元)시기 이래로 대부분 조직을 갖추었다. 그 조직은 매우 다양
한 명칭으로 불렸고, 구걸 방식에 따라 다양한 양태를 보였다.
문파(門派)에 따라 구역은 매우 엄격하게 지켜졌고 위계질서 또한
엄격했다. 또한, 범염(范冉), 주원장(朱元璋), 공자 등 숭배했던 조
상신 또한 지역에 따라 매우 다양했다. 이들이 노군을 조상신의
하나로 섬긴 것은 그가 함곡관(函谷關)을 지나 서쪽으로 유사(流沙)
를 건너 떠돌아다녔다는 이미지에서 유래했다.

일하는 사람들의 '조상신' 이야기

# 08

# 조상신으로 신격화된
# 춘추전국시기의 역사 인물들

강태공, 주문왕, 관중, 손빈

조상신은 각 업종의 종사자들이 만들어낸 것이다. 어떻게 만들었을까? 간략히 말하자면, 종사자들이 자신의 필요와 일정한 근거를 바탕으로 자신들이 알고 있는 자료 중에서 하나의 대상을 선택하여 만들어낸 것이다. 선택한 대상 중에는 사람도 있고 신령도 있다. 인물을 선택하는 경우에는 대개 신격화 과정을 통해 해당 역사 인물에 신비주의적 요소를 덧씌우게 된다.

역사 인물은 역사책에 사적(史蹟)이 남아 있기 마련이지만, 신격화 과정을 거치면서 역사 사실이 직접적인 근거가 되는 경우도 있고 간접적으로 작용하는 경우도 있다. 역사적 근거가 확실할 때도 있고 견강부회(牽强附會)한 경우도 있다. 실제로 해당 업종에 커다란 공적이 있기도 하고 전설상으로만 그렇기도 하다.

아무튼 하나로 말할 수 없는데, 여기에서도 원래부터 중국의 민간신앙에 농후했던 자의성 내지 다양성을 확인할 수 있다.

아무튼 각 업종의 종사자들은 자기 업종이 다른 업종보다 유래가 깊다는 것을 과시하고자 하는 욕망이 있었기 때문에 가급적이면 오래된 인물 중에서 조상신을 찾으려고 했다. 예로부터 전해 내려오는 까닭과 내력이 깊고 오래된 인물이 아무래도 신비주의적 요소를 많이 갖기 마련이다. 따라서 역사상의 '위대한 인물'을 자신의 업종과 연결해 신격화하고 이를 조상신으로 섬기는 과정이 많이 일어났다. 앞에서 언급한 관우, 노반, 공자, 노자 등도 모두 그런 경우이다. 이 밖에도 수많은 역사상의 실존 인물들이 조상신으로 선택되어 숭배되었다. 아래에서는 몇 개의 장에 걸쳐 이런 사례를 정리해 보고자 한다. 가급적 우리가 들어 알 만한 역사상의 인물들을 골라보았다.

### 강태공(姜太公)

강태공은 주나라 초기를 살았던 인물이다. 위수(渭水)에서 빈 낚싯대로 세월을 낚았다는 고사로 유명하다. 이러한 고사에 어울리게 어민들의 조상신으로 숭배되었다. 어업의 경우 업무 자체가 위험에 노출되어 있었기 때문에 특이하게도 조상신보다는 천후(天后), 마조(媽祖), 대우(大禹) 등의 수호신을 더욱 적극적으로 숭배했다. 그럼에도 조상신이 없었던 것은 아니었으니 강태공이

강태공

08 조상신으로 신격화된 춘추전국시기의 역사 인물들

대표적이다. 어민들이 강태공을 조상신으로 삼은 이유는 전술했듯이 강태공이 자신을 알아줄 주공(周公)을 기다리며 위수에 빈 낚싯대를 드리우고 세월을 낚았다는 고사에서 유래한다.

점을 치는 점술가들은 업무 자체가 신비주의적 요소를 지니고 있어서 매우 다양한 신령을 섬겼는데 강태공도 그중에 하나이다. 점복업(占卜業)이 강태공을 조상신으로 섬긴 이유는 강태공이 점을 잘 쳤다는 고사에서 유래한다. 『봉신연의』에 따르면, 강태공 스스로 "나는 풍수(風水)에 능하고 음양(陰陽)을 분별할 줄 안다"고 했다.

### 주문왕(周文王)

주나라 문왕(文王)은 50년간의 재위 기간을 통해 주나라의 기틀을 마련한 왕이다. 중국 역사상 첫 번째 명군(明君)이라고 할 수 있다. 공자는 춘추시대의 혼란을 극복하기 위해 '주대(周代)로 돌아가자'는 주장을 펼쳤는데, 공자가 돌아가고자 했던 주대가 바로 주문왕의 시대였다. 나라의 기틀을 마련하고자 전술한 강태공을 스승으로 초빙하기도 했다.

베이징의 인력거 관련 종사자들, 즉 인력거꾼, 인력거 임대업자 및 관리자 등이 주문왕을 조상신으로 섬겼다. 인력거는 청 말(淸末)에 일본에서 건너온 것으로 이를테면 신생 업종이었다. 이들이 신생 업종이기는 했으나 업계가 형성되자 다른 업종과 마

주문왕과 강태공의 고사

08 조상신으로 신격화된 춘추전국시기의 역사 인물들

주문왕

일하는 사람들의 '조상신' 이야기

찬가지로 일정한 조상신을 섬기게 되었다.

주문왕을 조상신으로 섬기게 된 이유는 문왕이 위수(渭水)에서 빈 낚싯대로 세월을 낚고 있던 강태공을 스승으로 초빙하기 위해 그를 수레에 태우고 그 수레를 손수 끌었다(文王拉車)는 고사에서 유래한다. 이때 강태공은 주문왕에게 "당신이 나를 808 걸음 끌어주었으니 내가 당신을 808년 보호해 주겠소"라고 말했다. 그래서 주나라가 808년간 이어졌다고 한다. 아무튼 사람을 수레에 태워 끌어주는 일이 인력거꾼의 일과 상통했던 것이다.

### 관중(管仲)

관중은 춘추시대 제(齊)나라의 유명한 재상으로 일찍이 바닷물을 졸여서 소금을 만드는 관청을 설치했다. 또한 염철(鹽鐵)을 생산하는 관영기업을 처음으로 만들었다. 이로써 염업이 크게 발전할 수 있었고 제나라를 부유하게 만들 수 있었다. 이는 제나라 환공(桓公)이 천하를 제패하는 데에 물질적 기초가 되었다. 이를 근거로 염업은 관중을 조상신(鹽神)으로 받들었다.

창기(娼妓)들도 관중을 조상신으로 섬겼다. 창기들은 '백미(白眉)'라 불리는 신령을 가장 널리 숭배했다. '백미'란 주지하듯이 중국 촉한(蜀漢) 때 마씨(馬氏) 다섯 형제 중에 눈썹에 흰 털이 난 마량(馬良)의 재주가 가장 뛰어났다는 고사에서 유래한다. 이는 창기들이 재주로 먹고 살았다는 점에서 금방 이해할 수 있다. 그

08 조상신으로 신격화된 춘추전국시기의 역사 인물들

관중

일하는 사람들의 '조상신' 이야기

런데 창기들이 '백미신(白眉神)' 다음으로 제나라의 유명한 재상이었던 관중을 조상신으로 섬겼다는 것은 다소 어울리지 않는 듯하다.

그 유래는 『한비자(韓非子)』와 『전국책(戰國策)』이 분명히 전하고 있다. 관중은 재상으로서 궁중에 시장을 열어 여자들에게 장사를 할 수 있도록 했다. 또한 국가의 수요에 따라 최초로 관기원(官妓院)을 개설했다고 한다. 즉, 창기 자신들이 일할 수 있는 제도를 마련해 주었다는 점에 착안하여 관중을 조상신으로 숭배했던 것이다.

### 손빈(孫臏)

손빈은 전국시대 제나라의 군사 전략가이다. 손빈의 지명도가 그리 높지 않음에도 그가 비교적 다양한 업종에서 숭배된 것은 아무래도 방연(龐涓)과의 고사(故事)가 드라마틱했기 때문인 것으로 보인다.

우선, 명청(明淸) 이래 장화를 만들고, 고치고, 판매하는 업종에서 일반적으로 손빈을 조상신으로 섬겼다. 손빈은 동료인 방연의 모함으로 월형(刖刑)을 받는다. 장화를 만드는 사람들이 손빈을 조상신으로 섬기는 근거는 손빈이 일찍이 월형을 받는 것과 관련이 있다. 월형은 발꿈치를 베어 잘라내는 형벌이었고, 발꿈치에서 종아리까지는 장화와 관계가 있기 때문이다. 구체적으로는 아래와 같은 몇 가지 버전의 전설이 전해진다.

첫째, 손빈이 월형을 당한 후에 무릎을 보호할 수 있는 장화를 만들었다는 것이다. 이때 들짐승과 물고기 문양으로 장화를 장식했는데 이는 문관의 장화와 무관의 장화를 구분하는 표식이 되었다.

둘째, 손빈을 섬기는 이유는 그가 발이 없었기 때문이었다. 말하자면, 그를 위해 장화를 발명하게 되었고 비로소 장화 상점이 생길 수 있었다는 것이다. 이때 두 종류의 장화가 만들어졌는데, 하나는 문관의 장화이고, 또 하나는 무관의 장화이다. 이것이 장화 상점의 유래이다.

셋째, 귀곡자(鬼谷子)가 하늘나라에 있던 병서(兵書)를 손빈에게 주었는데 이를 시기하고 질투한 방연이 계략을 써서 손빈의 양쪽 발을 잘라냈다. 칼잡이가 손빈의 양발을 하천에 버리자 하천에서 장화 모양의 큰 물고기가 튀어나왔다. 이것을 화두어(靴頭魚)라고 불렀다. 손빈의 친구가 화두어를 잡으려다가 손빈에게 보여주었다. 손빈이 물고기를 만지자 잘렸던 발이 위쪽으로 붙었다. 손빈이 일어나 걸었고, 걷기에 편안했고 빨리 걸을 수도 있었다. 이에 여러 사람들이 물고기 모양의 장화를 만들어 신었다.

넷째, 손빈이 방연으로부터 모함을 당해 무릎뼈가 파헤쳐졌고, 나중에 무릎에 염증이 생겨 발이 문드러졌다. 손빈이 자단목(紫檀木)으로 의족을 만들었고, 소가죽을 이용해 장화를 만들자 의

족이 진짜 발이 되었다. 이후 원근의 주민들이 앞다투어 손빈 부부로부터 장화 만드는 법을 배웠다.

이상은 전설상의 이야기이지만 역사적 사실을 모티브로 생겨난 이야기이다. 손빈이 월형을 받은 것과 관련해, 『사기(史記)』 「손자오기열전(孫子吳起列傳)」에 따르면, 손빈은 일찍이 방연과 함께 병법을 공부했다고 한다. 이후 방연은 위(魏)나라를 섬겨 혜왕(惠王)의 장군이 되었다. 그러나 방연은 스스로 능력이 손빈에 미치지 못한다는 열등감을 가지고 있었고, 손빈이 자기보다 현명한 것을 두려워하고 질시했다. 은밀히 손빈을 불러들였고 손빈이 도착하자, 법률상의 형벌로 손빈의 양쪽 발을 잘라버렸다. 이마에 글자를 새기는 묵형(墨刑)에도 처했다. 여기까지는 역사적 사실이다. 이러한 역사적 사실을 바탕으로 다양한 전설이 만들어지고 유포되었다. 이를 근거로 다양한 업종에서 손빈을 조상신으로 삼았던 것이다.

베이징의 가죽 상인들도 손빈을 조상신으로 섬겼는데, 그 이유는 아마도 장화를 만드는 사람들이 손빈을 조상신으로 섬기는 이유와 동일했을 것이다.

발과 관련된 고사로 인해 일부 지역의 발 치료사(修脚匠)들도 손빈을 조상신으로 섬겼다. 수각(修脚)은 중국의 민간에서 전문적으로 발의 피부나 발톱에 생긴 질병을 치료하는 기술을 말한다. 중국의 전통 의술과 칼 다루는 법을 결합해 발에 생긴 질병을 치료한다. 중의(中醫)의 침술, 안마와 함께 전국 대부분의 지역에서 유행했다. 중국 여행을 가게 되면 자주 하게 되는 '발 마사지'의 조상이라고도 할 수 있겠다. 아무튼 이들이 손빈을 섬겼던 것은 그가 형벌로 발을 다쳤다가 회복된 것과 관련이 있다.

무석(無錫)의 혜산(惠山)은 점토인형(泥人)으로 유명하다. 여기에서 일하는 점토인형 수공예 장인들도 손빈을 조상신으로 섬겼다. 전설에 따르면, 손빈은 위나라 장수 방연(龐涓)의 모함에 빠져 오(吳)나라로 도망해 걸인 신세가 되었다. 이후 점토인형을 빚는 일로 생계를 유지한다. 방연을 물리치기 위해 점토로 만든 인형과 말로 진영을 짜보고 전술을 구상했다. 얼마 지나지 않아 위나라를 대파하고 방연을 생포했다. 혜산에 점토인형이 전해져 내려왔고, 해당 장인들이 손빈을 조상신으로 섬기게 되었다는 것이다.

이러한 전설은 일정한 역사적 사실을 내포하고 있다. 손빈이 방연에게 모함을 당한 것, 방연을 대파한 것은 역사적 사실이다. 그러나 점토인형을 빚었다는 것은 만들어낸 이야기이다. 대개 점토인형을 만드는 장인들은 자기의 손이 매우 정교하다고 여겨 무엇이든 빚으면 그것과 똑같다고 생각했다. 이들은 손빈의 군사 배치나 작전처럼 자신들의 손이 정교하다고 생각했다. 그래서 이것에 빗대어 손빈이 점토인형을 빚었다는 전설을 만들어냈던 것이다. 혜산에서 점토인형을 만들기 시작한 것은 명(明)나

일하는 사람들의 '조상신' 이야기

혜산니인

08 조상신으로 신격화된 춘추전국시기의 역사 인물들

손빈 행로도

일하는 사람들의 '조상신' 이야기

라 때이기 때문에 전국시대를 살았던 손빈과는 아무런 관계가 없다.

지역에 따라 두부 제조업자들도 손빈과 방연을 조상신으로 섬겼다. 전설에 따르면, 귀곡자(鬼谷子)가 손빈과 방연 두 제자를 시험하기 위해 병에 걸린 척했다. 이에 손빈은 스승에게 신선한 재료로 두유를 만들어 주었다. 그때 공교롭게도 깨끗한 소금에서 흘러나온 소금 간수가 두유로 흘러들어가 두부가 만들어졌다. 방연은 손빈을 시샘하여 소금물을 석고(石膏) 물로 바꾸었는데 생각지도 못하게 두부가 되었다. 두 사람은 모두 두부를 발명했지만, 동시에 좋은 두부와 나쁜 두부, 즉 선악(善惡)을 대표하고 있다. 종종 악한 신령도 조상신으로 숭배하는 경우를 볼 수 있다. 이는 악한 신령이 사업에 해를 끼치지 못하도록 미리 뇌물을 바친다는 심리가 반영되어 있는 것이다.

09

# 조상신으로도 인기가 높았던
# 『삼국지연의』의 영웅들

유비, 관우, 장비 그리고 제갈량

『삼국지연의(三國志演義)』, 『수호전(水滸傳)』, 『봉신연의(封神演義)』, 『서유기(西遊記)』 등의 통속소설은 동업자들이 조상신이나 수호신을 정할 때 활용했던 자료의 보고(寶庫)였다. 물론 「삼국희(三國戲)」, 「수호희(水滸戲)」, 「봉신희(封神戲)」와 같이 통속소설을 저본으로 지어진 희곡(戱曲)이나 곡예(曲藝) 등의 문예작품도 각 업종 종사자들이 조상신을 설정하는 데에 커다란 영향을 끼쳤다. 이들은 통속소설이나 유관 문예작품의 이야기 속에서 자신들이 숭배할 조상신을 골라냈다.

조상신을 숭배하는 업종별 종사자들은 대부분 교육수준이 높지 않은 하층민이었다. 따라서 이해하기 쉽고 생동감 넘치는 통속소설이나 유관 문예작품이 그들의 정서와 수요에 적합했다.

123

9. 조상신으로도 인기가 높았던 『삼국지연의』의 영웅들

통속소설은 하층민에게 여러 가지 지식을 보급하는 역할을 수행했고, '일하는 사람들'에게 통속소설은 하나의 교과서였다. 그들이 평소 쉽게 접할 수 있었던 자신들의 교과서에서 자신들이 섬길 조상신을 찾아냈던 것은 매우 자연스럽다. 요컨대, 조상신 설정의 근거가 되는 사항이 역사서나 고전에 나오고 동시에 소설에도 나왔다고 한다면, 해당 업종의 종사자들에게 직접적으로 영향을 끼쳤던 것은 틀림없이 통속소설이었을 것이다.

또한, 통속소설은 내용이 풍부하고 이야기가 사소하더라도 구체적이었기 때문에 조상신 설정의 소재로서 큰 인기를 끌 수 있었다. 예컨대, 앞에서 언급했듯이 노군이 팔괘로를 이용해 연단(鍊丹)했다거나, 관우가 칼을 잘 썼다거나 하는 사소하지만 구체적인 일화에서 힌트를 얻어 조상신을 정했다. 정통 역사서에서는 이런 사소한 일화들이 부각되기 어려웠다.

통속소설 중에 역사물이나 판타지물이 많다는 점도 통속소설이 조상신 선택에 인기가 있었던 요인 중에 하나였다. 각 업종의 종사자들은 자기 업종이 다른 업종보다 유래가 깊다는 것을 과시하고자 하는 욕망을 가지고 있었고, 가급적이면 유서 깊은 인물이 등장하는 역사소설에서 자신의 업종과 관련이 있는 인물을 찾으려고 했다. 또한, 자기가 섬기는 조상신이 이왕이면 뛰어난 신통력을 가진 존재이기를 바랐을 것이고, 판타지소설에는 신령스러운 존재들이 많이 등장한다. 각 업종의 종사자들은 이러한

일하는 사람들의 '조상신' 이야기

통속소설에 등장하는 허구적인 인물과 이야기를 진실이라고 믿었고, 경건한 마음으로 조상신을 섬기는 근거로 삼았다.

『삼국지연의』는 가장 인기 있는 통속소설 중에 하나였다. 중국은 물론 동아시아 전역에 널리 유포되어 가장 많이 읽힌 베스트셀러였다. 전통시기 조상신을 설정하는 데에도 큰 영향을 끼쳤다. 앞에서도 언급했듯이 관우는 가장 많은 업종에서 숭배한 조상신이었다. 이는 물론 대개가 『삼국지연의』의 이야기에서 유래한 것이었다.

예컨대, 이발사, 재봉사, 요리사, 도살업자 등이 관우를 조상신으로 섬긴 것은 관우가 청룡도(靑龍刀)를 사용했고 칼을 잘 다루었다는 이야기에 근거를 두고 있다. 향초를 취급하는 업자들이 관우를 숭상한 것은 『삼국지연의』에 나오는 향초 관련 이야기에서 유래했다. 유명한 '도원결의(桃園結義)' 장면에는 "향을 피우고 절하여 맹세했다"는 묘사가 있다. 또한, 조조가 관우로 하여금 군신의 의리를 어기게 하려고 유비(劉備)의 소열황후와 밤새 한 방에 있게 했으나, 관우는 촛불을 들고 다음 날 아침까지 문밖에 서서 황후를 지켰다는 이야기가 있다.

『삼국지연의』에는 관우 이외에도 수많은 인물이 나온다. 이 소설의 또 다른 주인공인 유비(劉備), 장비(張飛), 제갈량(諸葛亮) 등은 어떤 이야기를 근거로 어떤 업종의 조상신으로 숭배되었을까.

9. 조상신으로도 인기가 높았던 『삼국지연의』의 영웅들

유비

일하는 사람들의 '조상신' 이야기

**유비**(劉備)

유비는 일부 지역의 편직(編織) 수공업에서 조상신으로 섬겼다. 쓰촨성(四川省)의 허장현(合江縣)과 신판현(新繁縣)에서 그 사례를 찾아볼 수 있다. 이들이 유비를 조상신으로 섬긴 것은 유비가 어렸을 때 돗자리를 짜서 팔았다는 이야기에서 유래한다. 『삼국지연의』에는 유비가 어려서 아버지를 여의고 어머니와 함께 돗자리를 짜서 팔았다는 이야기가 나온다.

후난성(湖南省) 레이양(耒阳)에서 전해 내려오는 이야기는 더욱 구체적이다. 옛날에 유비가 레이양에서 사는 심지진(沈知進)이라는 사람에게 돗자리 짜는 기술을 가르쳐 주었고, 그가 유비의 기술 전수에 감사하여 유비를 위한 사당을 짓고 섬겼다는 것이다.

**장비**(張飛)

장비는 염업(鹽業)과 도축업에서 조상신이나 수호신으로 섬겨졌다. 전통시기 염업은 대규모 기간산업 중에 하나였다. 소금은 없어서는 안 되는 필수품임에도 아무 곳에서나 생산할 수 없었기 때문에 생산과 유통에 많은 이윤이 보장되었다. 업종의 규모에 걸맞게 각지의 염업 종사자들은 30여 종에 이르는 다양한 '염신(鹽神)'을 섬겼다고 한다. 그중에 산시성(山西省)의 염업 종사자들은 관우와 장비를 수호신으로 모셨다. 그들은 치우(蚩尤)와 그의 아내인 염효(鹽梟, 소금 밀매업자라는 뜻도 있음)가 소금 못(鹽池)에

장비

일하는 사람들의 '조상신' 이야기

살면서 소금의 생산과 유통을 방해한다고 여겼다. 이들을 진압하여 방해를 하지 못하게 할 수 있는 신령은 관우와 장비뿐이었다. 특히 장비는 치우의 아내를 무서워 떨게 만드는 존재였다. 이들 염업 종사자들은 『삼국지연의』에서 드러나듯이 무장(武將)의 용맹을 상징하는 관우와 장비가 염전의 악신(惡神)으로부터 자신들을 잘 지켜줄 것이라고 믿었다.

청나라 때 이후 가축을 도살해 파는 업자들도 장비를 조상신으로 섬겼다. 이는 장비가 세상에 나오기 전에 도축 및 정육점을 운영했던 적이 있었기 때문이다. 흥미롭게도 이런 장비의 직업 이야기는 정사(正史)인 『삼국지』에는 나오지 않고, 『삼국지연의』에서만 볼 수 있다. 장비가 유비를 처음 만나 자기를 소개할 때 나오는 이야기이다.

### 제갈량(諸葛亮)

현명한 재상의 대명사인 제갈량은 담배 제조업, 요리사, 제과업, 악사(樂士) 등이 숭배했다. 중국에 연초(煙草)가 처음 들어온 것이 명대 중기였기 때문에 담배 제조업은 비교적 늦게 시작되었다. 하지만 수연(水煙)으로 유명한 난주(蘭州)의 담배 제조업자들은 일찍이 제갈량이 연초(煙草)를 처음으로 감숙(甘肅)에 들여왔다고 믿고 그를 조상신으로 섬겼다. 간단히 말해서, 제갈량이 노수(瀘水)를 건널 때 질병에 걸린 병사들을 치료하기 위해 현지의

9. 조상신으로도 인기가 높았던 『삼국지연의』의 영웅들

蜀漢丞相忠武侯諸葛亮

제갈량

일하는 사람들의 '조상신' 이야기

은사(隱士)를 찾아가 약초를 받아왔는데 그것이 바로 담뱃잎이었다는 것이다. 물론 이런 이야기를 역사서에서는 찾아볼 수 없다. 그러나 『삼국지연의』에는 제갈량이 노수를 건너는 이야기가 나온다. 병사들이 노수를 건널 때 병을 얻어 사망하는 것을 보고 제갈량이 현지인에게 물었다. 현지인이 대답하기를, '조용한 밤이 되어 물이 차가워지면 독기(毒氣)가 일어나지 않으니 배불리 먹고 건너도 탈이 없을 것'이라고 말해주었다. 두 이야기가 꼭 들어맞는 것은 아니지만, 모두가 제갈량의 박학다식과 지혜로움을 표현하고 있다.

요리사 중에서는 일부 만두를 만드는 분야에서 제갈량을 조상신으로 섬겼다. 이는 제갈량을 만두를 처음으로 만든 인물로 여겼기 때문이다. 제갈량이 군대를 이끌고 노수에 도착했을 때, 갑자기 광풍이 불어 강을 건널 수 없게 되자, 주위에서 49인의 사람 머리를 바쳐 제사를 지내야 한다고 했다. 사람을 죽일 수 없다고 생각한 제갈량은 소고기와 양고기로 만두소를 만들고 이것을 밀가루 반죽으로 감싸 사람 머리처럼 만들었다. 이것으로 제사를 지내 무사히 강을 건널 수가 있었다. 『삼국지연의』에도 제갈량이 노수에 이르러 목축 고기로 사람 머리를 대신해 제사를 지냈다는 이야기가 나온다.

일부 지역의 제과업자들도 제갈량을 조상신으로 숭배했다. 이는 제갈량이 만두를 발명했다고 여겼기 때문이다. 말하자면 만

9. 조상신으로도 인기가 높았던 『삼국지연의』의 영웅들

두에서 빵이나 떡, 과자 등을 유추한 결과라고 볼 수 있다.

악사(樂士)들의 조합(行會)에서도 제갈량을 숭배했다. 이는 제갈량이 음악을 잘 알고, 거문고 타기를 좋아했기 때문이다. 『삼국지연의』에는 제갈량이 성을 비우는 공성계(空城計)를 쓰면서 성루에 올라 거문고를 탔다는 일화가 전해진다.

리차오에 따르면, 『삼국지연의』에 등장하는 또 다른 주요 인물인 조조(曹操)나 손권(孫權)을 조상신으로 숭배하는 업종은 없는 것으로 파악된다. 주지하듯이 역사서인 『삼국지』의 중심축은 조조인데 반해 통속소설인 『삼국지연의』의 주인공은 유비, 관우, 장비와 제갈량이라고 할 수 있다. 전술했듯이 이들 주요 인물에 대한 민간의 관심과 애정은 아무래도 통속소설이 크게 영향을 끼쳤다고 볼 수 있을 터이다. 조조와 손권이 통속소설에서는 그다지 부각되지도, 긍정적으로 묘사되지도 않았다는 점에서, '행업신'에서 조조와 손권이 빠진 것을 납득하지 못할 것은 없겠다.

일하는 사람들의 '조상신' 이야기

# 10

# 조상신으로 간택된 역사상의 주요 인물들

채륜, 당현종, 이백, 악비, 주희, 주원장, 마테오 리치

다양한 업종에서 일하는 사람들은 조상신을 떠받드는 숭배자의 지위에 있었다. 하지만 각 업종의 조상신 숭배에서 모든 설정을 주도하는 주체는 조상신이 아니라 숭배자들이었다. 조상신은 숭배자들이 주관적으로 인정한 산물일 뿐이다. 교조주의(敎條主義) 같은 것은 없다. 그들이 마음속으로 생각하거나 인정하기만 하면 그 신령이 바로 조상신이 된다. 그래서 같은 업종이라고 하더라도 지역에 따라 다른 조상신을 섬기게 되고, 또 시간이 흐르면 또 다른 조상신이 등장하기도 한다. 그들이 그렇게 생각하면 그렇게 되는 것이다.

이제까지 관우, 노반, 공자, 노자, 유비, 장비, 제갈량, 강태공, 주문왕, 관중, 손빈 등, 역사상의 '위대한 인물'을 자신의 업종과

관련해 신격화하고 이를 조상신으로 섬기는 까닭과 내력을 살펴 보았는데, 조상신의 설정에는 숭배되는 조상신에 대한 사람들의 인식과 이미지가 반영되어 있다. 상술했듯이 '조상신은 숭배자 들이 주관적으로 인정한 산물'이기 때문이고, '그들이 그렇게 생 각하면 그것이 맞는 것이기' 때문이다.

이렇게 보면, 각 업종의 조상신은 '신령스러운' 역사적·문화적 존재에 대한 대중의 이미지가 농축되어 있는 하나의 '문화코드 (문화를 통해 일정한 대상에 부여하는 무의식적인 의미)'이다. 우리가 중 국의 '행업신(行業神)' 이야기에 관심을 가질 만한 이유가 여기에 있다. '행업신'을 통해 중국의 핵심적인 '문화코드'를 이해할 수 있고, 나아가 중국과 중국인을 좀 더 깊이 이해하게 되면 그들과 보다 잘 소통할 수 있을 것이다. 더욱이 이러한 '문화코드'는 중 국만의 것이 아니었다. 일정 정도 한국과 일본을 포함한 동아시 아 문화권에서 공유되었다.

여기에서도 역사상의 실존 인물들이 조상신으로 선택되어 숭 배되는 사례를 살펴보겠다. 이런 사례는 훨씬 더 많지만 역시 가 급적 우리가 들어 알 만한 인물들을 골라보았다.

**채륜(蔡倫)**

채륜은 『후한서(後漢書)』, 「환자열전(宦者列傳)」에 「채륜전(蔡倫傳)」 이 있어 실존했던 인물이었음이 명백하다. 전하는 바에 의하면,

채륜은 동한(東漢) 때의 환관으로서 황제가 쓰는 물품의 제조를 주관하는 상방령(尙方令)을 역임했다. 그는 기왕의 종이 제작 기술을 혁신하여 마침내 '채후지(蔡侯紙)'라 불리는 종이를 완성했다. 여기에서 '채후(蔡侯)'는 말할 것도 없이 채륜인데 그는 일찍이 용정후(龍亭侯)에 봉해진 바 있다. 이에 황제는 그의 종이 제조법을 널리 확산시키라고 명령했고 채륜은 종이 제조법을 발명한 사람으로 기록되었다.

이후 종이 제조 기술자들 사이에 채륜이 종이를 만들게 된 구체적인 과정이 전해졌고 하나의 전설이 되었다. 채륜은 죽간(竹簡)에 글씨를 쓰고 읽는 일이 너무 힘들다는 점을 눈여겨보고 글씨를 쓸 수 있는 보다 가벼운 물건을 만들기로 했다. 어느 날 그는 사람들이 삼베 짜는 것을 보고, 껍질 벗긴 삼대에 한 꺼풀의 아주 얇은 섬유질이 있다는 것을 발견했다. 그리고 생각했다. 이것에 글씨를 쓸 수 있을까? 그때 미끄러져 넘어졌다가 일어나면서, 직공이 누에고치에서 실을 뽑을 때 바닥에 떨어뜨린 부스러기 솜뭉치를 보았다. 채륜은 이 두 가지 발견에서 큰 깨달음을 얻었다. 그리고 사람들을 불러 찢어진 어망, 헝겊 조각, 삼베 조각, 나무껍질 등을 모으게 했다. 이것들을 잘게 부수어 걸쭉해질 때까지 삶았다. 이것을 잘 펴서 말리자 종이가 되었다. 그래서 후난(湖南) 레이양(耒阳)에 있는 채륜 사당에는 큰 돌절구가 있는데 채륜이 종이를 만들기 위해 펄프를 찧던 것이라고 전해진다.

채륜

일하는 사람들의 '조상신' 이야기

또한 '채자지(蔡子池)'라는 연못이 있는데, 채륜이 종이 재료들을 씻던 곳이라고 전해진다.

이러한 채륜을 조상신으로 섬겼던 사람들은 당연히 종이를 만들고 판매하는 제지업 종사자들이었다. 그들은 매년 채륜의 탄신일에 사원을 깨끗이 청소하고 화려하게 치장했다. 그리고 '채륜성인(蔡倫聖人)' 또는 '용정후채륜조사(龍亭侯蔡倫祖師)'라고 쓴 위패를 모시고 제사를 지냈다. 제사를 마친 후에는 희대(戲臺) 앞에 모여 연희(演戲)를 즐겼다. 연희 후에는 모처럼 풍성한 음식을 즐기면서 친척이나 친구와 즐겁게 이야기꽃을 피웠다.

제지업 종사자들은 주로 채륜을 조상신으로 섬겼으나, 지역에 따라 채륜 이외에도 한유(韓愈)나 주희(朱熹), 문창제군을 수호신으로 섬겼다. 이들은 모두 종이 발명과는 무관한데, 제지업자들이 이들을 섬긴 것은 그들이 저명한 문화인(文化人)이거나 문교(文敎)를 상징하기 때문이다. 종이는 문화용품에 속하고 그래서 수호신으로 삼은 것이다.


### 당나라 현종(唐玄宗)

당나라 현종 이융기(李隆基)는 당나라가 전성기를 구가하던 시절의 황제이다. 우리에게는 양귀비(楊貴妃)와 관련해 잘 알려져 있는데, 조상신의 세계에서는 양귀비가 등장하지 않는다. 중국에서는 이삼랑(李三郎)이나 당명황(唐明皇)이라고도 부르는데, '이

10. 조상신으로 간택된 역사상의 주요 인물들

삼랑'은 그가 셋째 아들이기 때문에 붙여진 별칭이고, '당명황'은 그의 시호(諡號)인 '지도대성대명효황제(至道大聖大明孝皇帝)'에서 유래한 것이다.

당나라 현종을 가장 적극적으로 섬긴 업종은 연극, 무용, 음악을 망라해 지금의 연예계 종사자에 해당한다. 중국에서는 '이원업(梨園業)'이라고 부른다. 이들이 섬기는 조상신은 매우 다채로웠는데, 청대(淸代) 이후에는 '노랑묘(老郎廟)'를 지어놓고 '노랑신(老郎神)'을 섬기는 풍습이 지극히 성행했다고 한다. '노랑(老郎)'이 누구인지는 지역에 따라 달랐으나 가장 많은 경우 '당현종'을 지칭했다.

전통시기의 연예인들이 당나라 현종을 숭배한 까닭은 그가 연기, 무용, 음악을 훈련시키는 '이원교방(梨園教坊)'을 창설했기 때문이다. 말하자면 '연예기획사'의 원조라고 할 수 있다. 그뿐만 아니라 그는 직접 무대에 올라 연극을 했고 이를 가르치기도 했다고 한다. 그가 언극을 할 때 다른 사람들이 그를 '폐하'라고 부르기가 불편했는데, 그렇다고 상하의 체통을 무시할 수는 없어 남자를 높여 부르는 '노랑(老郎)'이라고 칭했다고 한다. '노랑묘(老郎廟)'가 여기에서 유래한다.

물론 이상의 이야기에는 사실도 있고 전설도 있다. 현종이 장안(長安, 지금의 西安)에 '이원교방'을 설립하고, 음악이나 가무를 좋아해 '이원'에 나가 직접 지도했다(그래서 여기에서 배운 자들을 '皇帝弟

당현종

당현종이 기예를 감상하는 모습

139

10. 조상신으로 간택된 역사상의 주요 인물들

子' 또는 '梨園弟子'라고 함)는 것은 사실이다. '노랑'이라는 칭호는 이런 사실에서 끌어와 '노랑신(老郎神)'과 연결시킨 이야기라고 할 수 있겠다.

이 밖에 지역에 따라 서커스단(雜技業)과 찻집(茶業)도 당나라 현종을 조상신으로 숭배했다. 서커스는 같은 연예계 종사자라는 차원에서 쉽게 납득할 수 있다. 찻집의 경우에는 찻집에서 작은 규모의 공연을 많이 했기 때문이었다.

### 이백(李白)

이백은 주지하듯이 당나라를 대표하는 '낭만파' 시인이다. 두주불사의 애주가로도 유명하다. 이에 걸맞게 지역에 따라 술집(酒店)에서 이백을 조상신으로 섬겼다. 하지만 술을 만들고, 유통하고, 판매하는 업종에서 가장 일반적으로 섬겼던 조상신은 술 빚는 방법을 고안해 냈다고 전해지는 두강(杜康)이었다. 이 밖에 술과 관련해서는 서왕모(西王母)의 '요지(瑤池)'에서 술심부름을 하던 동자(童子)였다가 세상으로 쫓겨났다고 전해지는 주선동자(酒仙童子) 유영(劉伶)이 있다. 중국에서는 이들 이백, 두강, 유영을 대표적인 '술꾼(三大酒仙)'으로 여긴다.

### 악비(岳飛)

악비는 남송(南宋)의 장군인데, 단순히 명장이라는 이미지만을

일하는 사람들의 '조상신' 이야기

이백

술잔을 들고 있는 이백

**141**

10. 조상신으로 간택된 역사상의 주요 인물들

가지고 있었던 것은 아니고, 외세의 침입에 맞서 끝까지 분투했으나 부패한 정권에 의해 죽임을 당했다는 드라마틱한 이야기를 가지고 있었다. 이렇기 때문에 민간에 많이 회자되었다. 따라서 군사 관련 종사자들이 악비를 조상신으로 선택한 것은 매우 자연스러웠다.

직업 군인들이 가장 보편적으로 섬겼던 군신(軍神)은 조상신 최고의 스타이고, 중국 역사상 최고의 명장으로서 더 이상 설명이 필요 없는 관우였다. 악비는 관우보다 지위가 낮아 관우의 하위 파트너로서 관우와 짝을 이루어 숭배를 받아왔다. 특히 중화민국시기에 들어 군벌(軍閥)들이 주도권을 잡고 혼전을 거듭하는 가운데, 무예를 숭상하는(尚武) 분위가 고조되면서, 관우와 악비를 결합시켜 함께 숭배하는 일이 성행했다. 우선, 국가정책으로 무묘(武廟)를 관우＋악비의 '관악묘(關岳廟)'로 개편하고 '관악합사(關岳合祀)'를 진행했다. 경찰이나 군인 등 무력을 사용하는 업종에서도 관우와 악비를 합쳐 제사를 지냈다.

이 밖에 '보표업(保鏢業)'이라 불린 사설 경호업체에서도 악비를 조상신으로 섬겼다. '표사(鏢師)'라 불린 직원들은 무예를 익히고 무덕(武德)을 숭상했기 때문에 몸과 마음을 다해 나라에 충성한(精忠報國) 악비를 섬길 만한 조상신으로 떠올렸을 것이다.

관악사

10. 조상신으로 간택된 역사상의 주요 인물들

악비

주희(朱熹, 朱子)

주희는 성리학을 성립시켜 중국은 물론 동아시아 사상계에 지대한 영향을 끼친 사상가이다. 공자 이래의 유학을 집대성하고 유학의 두 번째 버전을 성립시켰다고 할 수 있겠다. 이러한 공로를 높이 평가해 주자(朱子)라고도 부른다.

주희를 조상신으로 섬기는 업종은 종이를 취급하는 지업(紙業)이다. 이들이 주희를 조상신으로 섬기는 까닭은 주희가 저명한 문화인이기 때문이다. 종이가 문화용품에 속하기 때문에 대표적인 문화인을 조상신으로 섬긴 것이다. 하지만 이는 지엽적이고 부수적이다. 앞에서 상세히 서술했듯이, 지업 종사자들이 보편적으로 가장 중요하게 섬겼던 조상신은 채륜(蔡倫)이었다. 그이유는 채륜이 종이 제조법을 발명했기 때문이다. 그 구체적인과정이 『후한서(後漢書)』의 「채륜전(蔡倫傳)」에 뚜렷이 기록되어있다.

이 밖에, 글자를 쇠나 돌에 새기는 일을 하는 '각자업(刻字業)'에서도 주희를 조상신으로 섬겼다. 이는 주희가 원래 금석전각(金石篆刻)을 다루었던 사람이었기 때문이다. 특히 푸젠(福建) 취안저우(泉州) 전암촌(田庵村)에서는 집성촌의 시조인 홍영산(洪榮山)이 주희에게서 직접 금석전각을 배웠다고 하여 주희를 조상신으로 섬겼다. '각자업'에서는 주희 이외에도 '문화와 교육의 신'이랄 수있는 문창제군을 조상신으로 섬기기도 했다. 여기에는 '인문성

주희

일하는 사람들의 '조상신' 이야기

(人文性)'이라는 공감이 바탕에 깔려 있다고 볼 수 있다.

### 주원장(朱元璋)

주원장은 승려 행색으로 비렁뱅이 짓을 하던 처지에서 명나라 초대 황제(明太祖)의 지위까지 오른 전형적인 난세의 영웅이다. 국내에도 번역되어 있는 오함(吳晗)의 『주원장전(朱元璋傳)』은 역사적 사실을 바탕으로 그의 일생을 흥미롭게 전하고 있어 일독을 권한다.

주원장을 조상신으로서 가장 중히 여긴 업종은 걸인들이었다. 걸인들은 매우 조직적으로 수많은 조상신을 섬겼는데, 가장 보편적으로 섬긴 조상신은 범염(范冉)이었다. 그는 『후한서(後漢書)』에 '가난하지만 기개가 높은 선비'로 기록되어 있다. 걸인들이 범염을 조상신으로 선택한 것은 그가 자기들과 별반 차이 없이 곤궁하기 그지없었지만 뜻은 궁핍하지 않아 기개가 높았다고 여겼기 때문이다. 또한 걸인들은 춘추전국시기의 공자가 후한시기의 범염에게서 쌀을 꾸었다는 흥미로운 이야기를 만들어내기도 했다. 말하자면, 공자는 '있는 사람', 즉 걸인들이 구걸하는 대상을 대표한다. 그런데 이전에 자신의 조상신이 이미 '있는 사람'에게 빌려준 식량이 있으니, 이제 걸인이 구걸하는 것은 이전에 빌려주었던 것을 갚으라고 독촉하는 정당한 행위가 되는 것이다. 이처럼 걸인들에게 조상신은 상처 난 자존심을 치유해 주는 존재였다.

주원장

일하는 사람들의 '조상신' 이야기

범염 다음으로 걸인들이 가장 많이 섬긴 조상신이 주원장이었다. 그 내력은 주원장이 어려서부터 매우 가난했고, 너무 가난해서 출가하여 승려가 되었지만, 절에서도 쫓거나 비렁뱅이 시주를 받으러 다녔다는 이야기에 유래한다. 여기까지는 역사에 기록되어 있는 사실 그대로이다. 그러나 여기에서 파생된 다양한 전설이 걸인들 사이에 떠돌았다. 예컨대, 주원장이 걸식이 잘 되지 않자 소뼈를 두드리면서 구걸하는 소리를 외쳤고 다른 걸인들이 따라 하기 시작했다는 이야기가 있다. 말하자면 자신들이 소란스럽게 구걸을 해도 그것은 황제(주원장)가 시킨 일이니 괜찮다는 것이다. 또한, 주원장이 위기 상황에서 일정 기간 걸식을 하면서 지낸 적이 있는데 나중에 황제가 되었을 때 동료 걸인들이 찾아오자 구걸하는 것을 승인해 주었다는 이야기도 있다. 역시 구걸 행위의 정당성을 뒷받침해 주는 모티브이다. 이는 모두 사실이 아니다. 다만, 황제의 권위에 빗대어 자신의 심리적 정당성을 확보하려는 것이었다.

이 밖에, 주원장은 소흥(紹興)에서 은박지(錫箔紙)를 만들어 팔던 '석박업(錫箔業)' 종사자들이 조상신으로 섬겼다. 은박지는 주로 죽은 사람의 명복을 빌기 위해 태우는 지전(紙錢) 내지 제물로 쓰인다. 주원장을 조상신으로 삼은 이유는 그로 인해 소흥에서 은박지 제조업이 크게 발달했기 때문이다. 전설에 따르면, 주원장이 북벌을 할 때, 군비가 부족하자 책사(策士)인 유기(劉基)가 민간에서 제사 지내면서 축적해 놓은 은을 빌려 쓰고 북방을 평정한 후에 갚자고 건의했다. 그러나 북방을 평정한 후에도 국고가 부실해 갚을 길이 없자 유기가 또 건의했다. 제사를 지내면서 은을 저장해 두는 것은 존숭의 뜻을 표하는 것인데, 귀신은 저승에 있으니 어찌 이승에 있는 백은(白銀)을 사용할 수 있겠는가. 그러니 은박지를 만들어 상환하는 것이 낫다. 은박지는 이미 제사에 사용하는 물건이니 귀신에 득이 되고, 저렴하게 만들 수도 있으니 상환 부담도 덜 수 있다. 주원장이 건의를 받아들여 많은 죄수를 끌어다가 은박지를 만들게 했다. 이때부터 소흥에 은박지 업체들이 많아졌고 업자들은 주원장을 조상신으로 섬기게 되었다.

베이징에서 산매탕(酸梅湯)[1]을 파는 사람들도 주원장을 조상신으로 섬겼다. 이유는 주원장이 역병을 치유하는 산매탕을 만들어 큰돈을 벌었다는 전설에 따른 것이다. 하지만 이런 이야기는 역사서에는 없다. 역사소설을 통해 많은 사람에게 퍼졌던 것으로 보인다.

**마테오 리치**(利瑪竇, Matteo Ricci)

마테오 리치는 이탈리아 출신의 예수회 신부로서 1583년 중국에 들어와 1610년 북경에서 사망할 때까지 전도에 '천부적인

---

[1]　매실로 만든 새콤달콤한 음료, '오매탕(烏梅湯)'이라고도 함

마테오리치와 서광계

10. 조상신으로 간택된 역사상의 주요 인물들

재능'을 보였던 선교사이다. 중국 문화를 충분히 이해하고 용인하는 가운데 선교가 이루어져야 한다는 그의 전략은 많은 동료 선교사와 중국인으로부터 공감을 얻었고, 마테오 리치는 기독교 교리와 함께 유럽의 근대문명을 중국에 전해주었다. 당시 중국 사람들은 같은 유럽인이라도 무역에 종사하던 상인들은 '번이(番夷)'라고 부르며 천시했으나, 문화 활동에 종사한 선교사들은 '서양인'이라고 불렀다.

마침내 마테오 리치는 조상신으로 숭배되기에 이른다. 상하이의 시계업 종사자들이 그를 조상신으로 섬겼다고 한다. 서양식 시계가 마테오 리치 등 예수회 선교사들에 의해 중국에 전래되었고, 시계 기술자들이 이를 충분히 인식하고 있었기 때문이었다. 실제 마테오 리치는 자명종 시계를 만력제(萬曆帝)와 광둥 총독에게 전해준 적이 있다. 마테오 리치는 여러 업종의 조상신 중에 유일한 서양인이다. 여타 지역의 시계 관련 동업자들은 '장인들의 영원한 조상신' 노반을 섬기는 경우가 많았다.

# 11

# 애니미즘에서 유래한 조상신들

동식물, 장소 및 사물, 자연현상의 신령들

각 업종의 조상신은 각 업종의 종사자들이 만들어낸 것이다. 각자 자기의 필요와 기준에 의거해, 자기가 알고 있는 이야기 중에서 하나의 대상을 선택해 만들어냈다. 선택된 대상 중에는 사람도 있고 신령도 있다.

사람 중에서 역사적 인물이 조상신으로 숭배되는 경우에는 일정한 신격화 과정을 거쳐 신성(神性)을 갖추게 된다. 재신으로서 탁월한 신성을 갖추게 되는 관우가 대표적인 사례이다. 장인들의 영원한 조상신 노반도 마찬가지이다. 이미 민간에 유포되어 있던 신령이 동업자들의 조상신으로 선택되는 경우도 있다. 신화나 전설 속의 신령은 애초부터 인격화되어 있는데, 이미 다룬 바 있는 삼황오제(三皇五帝)가 전형적인 사례이다. 하지만 자연물에서 유래한 신령들은 의인화·인격화의 과정을 거쳐 조상신으로 숭배된다.

이런 과정은 원시 애니미즘(animism)에서 유래했다. 애니미즘은 모든 동식물, 장소와 사물, 자연현상에 정령(精靈, 즉 의식과 감정)이 깃들어 있어 인간과 직접 소통할 수 있다는 믿음을 말한다. 용어 자체가 '생명과 사고의 원천을 이루는 영혼이나 정신'을 뜻하는 라틴어 '아니마(anima)'에 어원을 두고 있다.

애니미즘은 원시시대 수렵 채집인 사이에서 매우 일반적이었다. 애니미즘에서 인간과 사물, 사물의 정령들 사이에는 특정한 장벽이 없을 뿐만 아니라, 정령들 사이에도 엄격한 위계질서가 존재하지 않는다. 하지만 인류의 종교의식이 유신론(Theism)으로 발전하면서, 우주를 창조하고 지배하는 신이 존재하고 우주의 질서가 인간과 신들 사이의 위계질서를 기반으로 하고 있다는 인식이 생겨났다. 이를 바탕으로 다신교가 출현했다. 이후 다신교를 믿는 사람들 가운데 일부가 하나의 신만을 우주의 최고선으로 믿기 시작해 일신교가 나타났다. 하지만 다신교나 일신교의 출현으로 애니미즘이 사라진 것은 아니었다. 오히려 다신교를 구성하는 핵심 요소가 되어 오늘날에 이르고 있다.

동업자들의 조상신 및 수호신 숭배에도 원시시대에서 비롯된 애니미즘이 남아 있다. 숭배의 대상은 동식물, 장소나 사물, 자연현상을 망라한다. 대개 의인화 내지 인격화 과정을 거치는데

도교와 결합한 경우에는 신선(神仙)으로 꾸며지기도 한다. 인격화
되더라도 자연과 사물은 어떤 업종의 원천 기술을 발명한 존재
가 되기 어렵기 때문에 조상신보다는 대개 수호신으로 자리매
김 되었다. 이런 애니미즘에서 유래한 각 업종의 수호신들은 원
시시대 애니미즘의 살아 있는 화석(化石)이라고 할 수 있다. 아래
에서는 어떤 자연물 숭배가 어떤 업종과 연계되었는지를 살펴
본다.

### 동식물

마왕(馬王), 우왕(牛王), 충왕(虫王), 호신(虎神), 청묘신(靑苗神)

당연히 해당 동식물과 일정한 관련이 있는 업종에서 수호신으
로 섬겼다. 예컨대, 말(馬)은 예부터 교통, 운송, 경작, 작전(作戰)
등에서 중요한 자원으로 널리 이용되었다. 말과 관련된 업무에
종사하는 아문(衙門), 관리(官吏), 군대, 경찰, 역참, 마부, 수레꾼,
군마 관리병사, 말 장사꾼, 마방집, 마부 여관, 편자 장인 등이 마
왕(馬王)을 수호신으로 숭배했다.

소(牛)도 농경사회에서 매우 중요한 생산 및 생활 수단이었다.
소의 힘이 매우 긴요한 농토나 염전에서 일하는 사람들이 우왕
(牛王)을 수호신으로 섬겼다. 이 밖에 소와 관련된 판매상, 거간
꾼, 수의사, 소몰이꾼, 우골 제품 제조업자 등도 우왕을 섬겼다.
그뿐만 아니라, 마왕이나 우왕은 간장, 된장, 절인 야채, 사탕, 과

마왕옹

일하는 사람들의 '조상신' 이야기

자 등을 제조하는 업종이나 방앗간 등에서 숭배했다. 원재료를 만드는 과정에서 말이나 소의 힘을 이용했기 때문이다.

농업은 자연조건의 영향을 많이 받을 수밖에 없어 농민들은 상대적으로 자연물을 많이 숭배했다. 그중에 메뚜기 떼로 인한 충해는 농업에 엄중한 위해를 가했던 중대한 재해였다. 농민들은 메뚜기 떼를 퇴치할 뾰족한 방도가 없었기 때문에 충왕(虫王)에게 구원을 요청할 수밖에 없었다. 많은 지역에서 충왕묘(虫王廟)를 짓고 제사를 지냈다. 충왕은 농민들에게 모든 벌레를 관장하는 존재로 여겨졌다. 충왕은 각종 벌레가 가득 든 병을 손에 들고 있다. 평소에는 벌레들이 나가지 못하도록 병마개로 막아 둔다. 그러나 누군가 악행을 저지르면 옥황상제의 명을 받아 병마개를 열어 벌레들을 내보낸다. 그때 병충해가 발생한다. 농민들은 충왕을 경건하게 섬겨 가급적 병마개를 열지 않게 해야 했다.

일부 지역의 전당포에서는 호신(號神=耗神)을 섬겼다. 호신은 바로 쥐이다. 그래서 전당포에서는 고양이를 키우지 않았고 쥐를 잡지도 않았다. 이는 쥐가 저당 잡아놓은 물품을 갉아먹지 않을까 두려워했기 때문이다. 쥐를 퇴치하기보다는 쥐의 정령과 우호적인 관계를 맺음으로써 이익을 보호하려는 농후한 애니미즘을 보여준다.

식물로는 청묘신(青苗神)이 대표적이다. 청묘(青苗)는 씨를 뿌린 후 처음 올라온 새싹을 말하고, 청묘신은 튼튼한 새싹의 성장을

11. 애니미즘에서 유래한 조상신들

관장하는 신령이다. 대부분의 지역에서 농민들이 청묘신을 섬겼다. 대개는 토지묘(土地廟)에서 제사를 지냈다. 새싹이 한창 무성할 때 청묘회(靑苗會)라는 묘회(廟會, 일종의 축제)를 열어 제사를 지내고 연회를 베풀었다. 말할 것도 없이 각종 침해를 막아 새싹이 튼튼하게 자라게 해달라고 기원하는 것이었다. 이 밖에, 화훼농민, 꽃가게, 궁궐의 정원을 관리하는 관원들은 화신(花神) 또는 화왕(花王)을 섬겼다.

### 장소 및 사물

토지신(土地神), 성황신(城隍神), 부엌신(灶神), 산신(山神), 노파두(老把頭)

토지신은 원시적인 대지 숭배에서 유래한 신령으로서 거의 모든 촌락에 토지묘(土地廟)가 세워졌고 향촌공동체가 공동으로 숭배했다. 말하자면, 농업과 촌락을 직접 관할하는 수호신이다. 이승에 하급관리가 있어 백성을 직접 보살피듯이, 토지신은 저승의 하급관리로서 사람들을 보살핀다. 예컨대, 사람이 죽으면 '보묘(報廟)'라 하여 제일 먼저 토지묘에 죽음을 보고해야 했다. 그래야 토지신이 죽은 자의 영혼을 잘 보살펴 좋은 곳으로 보낼 수 있었다.

하지만 업종의 조상신 차원에서는 일부 지역의 도자업(陶瓷業)이 숭배했을 뿐이다. 도자업은 본래 다양한 조상신을 섬겼는데, 일부 지역에서 특별히 토지신과 화신을 섬겼던 것은 도자기를

토지신 신마

11. 애니미즘에서 유래한 조상신들

만드는 데에 흙과 불이 중요했기 때문이다. 또한, 도자기나 기와를 굽는 사람들은 가마에도 신령이 깃들어 있다고 여겨 수시로 제사를 드렸는데 그 신령을 요신(窯神)이라 했다.

성황신(城隍神)도 토지신과 마찬가지로 광범위하게 숭배되었던 지역 수호신이다. 다만, 성황신은 상대적으로 토지신보다 넓은 지역을 관할했다. 성황(城隍)이 성(城)과 해자(隍)를 뜻하는 것에서도 현(縣) 단위의 넓은 지역임을 알 수 있다. 성황신은 토지신의 상급자로서 저승의 지방관이라고 할 수 있다. 그래서 이승의 지방관들이 성황신을 수호신으로 섬겼다. 더불어 지방관의 막료(幕僚)로서 관직 없이 지방관의 업무를 보좌하던 사람들도 일부 지역에서 성황신을 수호신으로 섬겼다.

일반 가정에서는 부엌신을 섬기는 일이 매우 흔했다. 부엌신은 가정의 주신으로 여겨졌고, 위패를 부엌 부뚜막에 설치했다. 부엌신을 위해 전용 사원을 짓거나 제사를 지내는 것은 매우 드물었고 기껏해야 집에 목주(木主) 위패를 세우고 제사를 지내는 정도였다. 역시 각 업종의 수호신 숭배에서는 그다지 영향력을 갖지 못했다. 부엌과 밀접히 관련된 식당, 찻집, 제과점 등에서 일부 숭배했을 뿐이다.

수렵으로 생계를 잇는 사람들은 주로 산에서 일을 했기 때문에 산신(山神)을 숭배했다. 일이 워낙에 위험천만했기 때문에 수호신에 의지하는 마음도 그만큼 강했다. 사냥꾼들은 산신이 허

토지신

161

11. 애니미즘에서 유래한 조상신들

성황신(상하이 성황묘)

부엌신

**163**

11. 애니미즘에서 유래한 조상신들

락해야 비로소 짐승을 포획할 수 있고, 자신들이 무사한 것은 모두 산신의 자비로운 보살핌 때문이라고 생각했다. 따라서 산신에 대한 숭배는 지극히 경건하고 엄숙했다. 사냥을 시작하고 마칠 때마다 산신에게 제사를 지냈다. 산신의 구체적인 양태는 지역마다 달랐다. 산악 자체를 산신으로 삼기도 하고, 사람이 산신이 되기도 하고, 동물이 산신이 되기도 한다. 동물로는 대개 호랑이가 많았다.

중국 동북 지역의 심마니와 벌목공도 산신을 경건하고 엄숙하게 섬겼다. 그들은 특별히 산신을 '노파두(老把頭)'라고 불렀다. 노파두가 누구인지에 대해서는 지역에 따라 여러 가지 전설이 있다. 전설에 따르면, 손량(孫良)이라는 사람이 산삼을 캐러 백두산에 들어갔다가 변고를 만나 굶어죽게 되었는데, 죽기 직전에 사력을 다해 심마니를 위한 안내자가 되고 싶다는 시를 남겼고, 결국 백두산을 관리하는 산신이 되었다고 한다. 이 밖에 왕고(王杲), 노한왕(老罕王), 반덕마(班德瑪), 유고(柳古) 등이 등장하는 전설이 있다.

### 자연현상

박신(雹神), 태양신(太陽神), 화신(火神), 해신(海神＝媽祖)

전통시기의 농업은 자연현상(기후)에 크게 의존했다. 특히 자연재해의 유무가 농업 생산의 관건이었다. 따라서 농사꾼들은 자연재해를 관장하는 신령을 수호신으로 섬겼다. 앞에서 언급한 충왕(虫王)과 함께 우박을 관장하는 박신(雹神)이 대표적이다. 당연히 우박으로 인한 피해가 많은 지역에서 주로 섬겼는데 박신(雹神)은 하나의 총칭(總稱)이고 구체적으로 누구인지는 지역마다 매우 다양했다.

감귤을 재배하는 일부 지역의 과수 농가에서는 태양신(太陽神)을 수호신으로 섬겼다. 이를 태양보살(太陽菩薩)이라고도 했다. 매년 '태양회(太陽會)'라는 축제를 열어 제사를 지냈다. 햇볕이 과일의 풍흉(豊凶)을 좌우한다고 여겼기 때문일 것이다.

자연현상과 관련해 가장 많은 업종에서 숭배했던 수호신은 화신이다. 불을 이용해 제품을 생산하는 업종이 상대적으로 많았기 때문이다. 예컨대, 여러 종류의 금속을 녹여 제품을 만들거나 도자기, 과자 등을 구워내는 업종이다. 또한, 불로 인해 큰 피해를 입을 수 있는 업종에서도 '불의 신'을 수호신으로 섬겼다. 예컨대, 책을 만들거나 판매하는 업종, 소방(消防)을 생업으로 하는 사람들, 저당 잡은 물건을 잘 보관해야 하는 전당포 등이다. 이밖에, 다소 특이하게도 담배를 취급하는 사람들이 관우, 제갈량 등과 함께 화신을 수호신으로 섬겼는데, 이는 담배를 피울 때 불을 사용하기 때문이었다.

중국에서는 물로 이루어진 지형, 즉 바다, 하천, 호수 등에서 일어나는 자연현상은 여신(女神)의 대명사로 여겨지는 마조(媽祖)

11. 애니미즘에서 유래한 조상신들

마조 석상

일하는 사람들의 '조상신' 이야기

가 관장한다고 믿었다. 마조는 천비(天妃), 천후(天后), 천상성모(天上聖母), 해신낭랑(海神娘娘), 호해여신(護海女神) 등으로도 칭해진다. 수상(水上)의 안위(安危)를 관장하는 신령으로 여겨지면서, 송나라 때부터 연해 및 내륙 하천 지역의 항운업(航運業)이나 어업에 종사하는 사람들이 보편적으로 숭배했다. 항운업 및 어업의 대표적인 수호신이 된 것이다. 선원이나 어민은 때마다 매우 경건하게 마조에 제사를 드렸다.

마조 신앙은 송나라 때 창장(長江) 이남의 취안저우(泉州), 싱화(興化) 지역에서 시작되어 푸젠(福建) 연해 지역으로 확산되었고, 나아가 동부 연해 지역으로 확대되었다. 이후 원·명·청나라에 걸쳐 전국의 연해 및 내륙 하천 지역으로 유포되었다고 한다. 전국적으로 광범위한 지역에 걸쳐 수많은 마조 사당이 건립되었다. 이를 마조묘(媽祖廟), 천비묘(天妃廟), 천후궁(天后宮), 낭랑묘(娘娘廟), 해신묘(海神廟) 등으로 불렀다. 수많은 마조 사당은 확실한 재원을 가진 항운업과 어업을 기반으로 했기 때문에 대체로 규모가 크고 화려했다. 사당에서는 매년 마조의 탄신일을 맞이해 성대한 축제를 벌였다. 바다와 하천에서 일하는 것 자체가 매우 위험한 일이었기 때문에 마조에 안위를 기대는 마음이 그만큼 더 간절했고, 이런 연고로 제사는 더욱 경건하고 정성스러웠다.

선원이나 어민은 출항하기 전에, 목적지에 도착한 후, 위험한 상황에 처했을 때 등등 수시로 마조를 찾았다. 항상 마조의 보살

167

11. 애니미즘에서 유래한 조상신들

핌에 감사하고 보우하심을 기원했다. 마조 사당에 가서 순탄한 여정을 기원한 후에야 비로소 출항했다. 자신들이 화살을 쏘았기 때문에 해적선이 물러갔다고 생각하지 않고 마조 신령이 나타나 그렇게 되었다고 믿었다. 커다란 풍랑을 만나 자신들이 돛대를 도끼로 찍어서 돛대가 부러져 나간 것이 아니라 마조의 보살핌으로 돛대가 스스로 부러졌다고 믿었다. 선원이나 어민의 마조에 대한 신뢰는 절대적이었다. 이들에게 마조는 '미신'이 아니라 '삶의 일부'였다.

마조 신앙이 이처럼 널리 퍼지고 오랫동안 강고하게 지속될 수 있었던 것은 송나라 때 이후 해상무역 운송이 크게 융성했기 때문이었다. 특히 원나라 때부터 세금으로 거둔 창장 이남의 식량 자원을 황하 이북의 베이징까지 운송하는 조운(漕運)이 크게 발전했다. 이와 더불어 관원들이 마조 신앙을 적극 지원했다. 조운을 관장하는 조부(漕府)의 관료들도 어떻게 보면 항운업 종사자라고 할 수 있다. 그들의 마조에 대한 신뢰는 선원이나 어민에 결코 뒤지지 않았다. 그들의 마조에 대한 숭배도 '행업신' 숭배의 일종이라고 할 수 있다.

그래서 마조는 여러 차례 작위 같은 것(封號)을 받았다. 여기에는 마조 신앙에 대한 통치자의 공감이 반영되어 있다. 송·원·명·청나라에 걸쳐 책봉이 끊이지 않았다. 지위도 계속해서 높아졌다. 처음에는 '부인(夫人)'에서 시작해 '천비(天妃)'로 높아지고 나

천후전(칭다오 천후궁)

169

11. 애니미즘에서 유래한 조상신들

중에는 천후(天后)에 이르렀다. 천후로 책봉된 봉호(封號)는 자그마치 24글자에 달했다.

마조는 기본적으로 항운업 및 어업을 수호하는 역할을 수행했지만 마조의 명성이 높아지고 널리 유포되자 일반 민간에서도 숭배하기 시작했다. 그만큼 신령의 세계에서 마조의 지위가 대단했음을 알 수 있다. 구체적으로 일반 민중은 마조를 어린아이를 보호하는 신령으로 섬겼다. 아마도 강한 여성의 이미지가 어린이 보호로 연결되었을 터이다.

마조를 인격화하는 내력과 관련해 다양한 전설이 나타나기도 했다. 마조가 원래 어가(漁家)의 딸이라는 전설, 실제로는 세 명의 여자라는 전설 등이 나타났다. 구체적인 실명도 거론되었다. 송나라 때 도순검(都巡檢)이라는 관직에 있었던 임원(林願)의 딸 임묵(林黙)이라는 전설이다. 임묵은 사람들의 길흉화복을 내다볼 수 있는 능력을 타고났다. 아마 항운업 종사자들이 직업상 길흉화복을 가장 미리 알고 싶어 했을 것이다. 출항할 때 화를 미리 피할 수 있기를 가장 바랐을 것이다. 그래서 임묵의 신통력을 수호신 삼아 숭배했고, 그녀의 신통력이 선박을 위험으로부터 구했다는 전설이 쌓이면서 무신(巫神)이 '물의 신(水神)'으로 점차 변모했던 것이다.

# 12

# 종교적 숭배 대상에서
# 일하는 사람들의 조상신으로

갈홍, 여동빈, 달마, 관음보살

　　미국의 사회학자 양칭쿤(楊慶堃, C. K. Yang)은 중국의 신앙체계를 제도적 종교(institutional religion)와 분산된 종교(diffused religion)로 구분한 바 있다.[1] 쉽게 말해서 전자는 도교나 불교와 같은 일반적인 종교를 가리키고, 후자는 우리가 흔히 '민간신앙'이라고 말하는 것이다. '제도적 종교'는 독자적인 교리체계와 종교의례를 갖추고 세속적인 사회적 기관들로부터 분리되어 독립된 조직을 가지고 있다. '분산된 종교'는 신앙, 관습, 조직이 세속의 삶에 내재되고 융합되어 있어서 서로 구분할 수 없는 종교 형태이다.

---

[1]　C. K. Yang, *Religion in Chinese Society: A Study of Contemporary Social Functions of Religion and Some of Their Historical Factors* (Berkeley: University of California Press, 1961).

12. 종교적 숭배 대상에서 일하는 사람들의 조상신으로

양칭쿤은 후자의 상대적 중요성을 강조했다. 말하자면, '민간신앙'은 가족, 친족, 종족, 향촌, 길드(동업조합) 등과 같은 세속적인 조직들과 강력한 사회적·경제적 결합 관계를 가지고 있어 전통시기 제국(帝國)의 규범적인 정치질서를 정당화하는 데에 핵심적인 역할을 했다는 것이다.

일하는 사람들의 '행업신' 숭배는 길드(동업조합)와 밀접한 관계를 가지고 있다는 점에서, 명확히 '민간신앙'의 일부분이자 하나의 유형이라고 할 수 있다. 따라서 '민간신앙'의 특징이 광범위하게 '행업신' 숭배에 반영되어 있다. 역으로 '행업신' 숭배가 '민간신앙'의 형성 및 변천 과정에 적잖은 영향을 끼치기도 했다. 구체적으로 살펴보면, 중국 민간신앙의 범신론적·다신교적 경향성이 '행업신' 숭배에도 그대로 반영되어 있다. 이러한 경향성이 신앙의 목적을 기복(祈福)과 양재(禳災)에 두는 공리주의에서 유래한다는 점에서도 공통적이다. 신령이 다방면에서 사람과 밀접히 연관되어 있다는 신앙의 '인문성(人文性)' 또한 공통점이라고 할 수 있다.

그렇다고 일반 종교와 '민간신앙'이 실제에서 뚜렷하게 구별되어 존재했던 것은 아닌 듯하다. 오히려 양자가 혼재되어 있는 형국이다. 특히 '행업신' 숭배를 통해 들여다보면, 도교나 불교 같은 일반 종교와 '행업신'을 비롯한 민간신앙이 매우 밀접히 관련되어 있음을 알 수 있다. 무엇보다 각 업종 종사자들이 자신의 조상신을 선택하는 과정에서 도교와 불교는 자료의 보고(寶庫)였다. 도교와 불교의 신령이나 인물 중에서 '행업신'으로 선택된 경우가 많다. 특히 도교는 '행업신' 원천의 중요 상비군이었다. 원래 도교나 불교의 신령이 아니었으나 나중에 짙은 도교적 또는 불교적 색채를 띠는 경우도 있었다. 또한 종교적 관념, 전설, 담론이 '조상신 만들기'에 풍부한 영양분을 제공했다.

'행업신' 가운데에는 도교나 불교에서 유래한 신령이나 인물이 꽤 많다. 종교에서 조상신이나 수호신을 초빙한 것에는 여러 가지 이유(장점)가 있을 수 있다. 첫째, 대자대비(大慈大悲)와 같은 교리가 생활고에 시달리는 하층민들에게 일정한 흡인력을 가졌을 것이다. 둘째, 도교와 불교의 신령과 인물은 이미 민중에게 익숙한 존재여서 받아들이기 용이했다. 셋째, 도교의 신선이나 불교의 보살들은 신통력을 가진 존재였기 때문에 수호신의 보호를 간구하는 대중의 심리에 좀 더 쉽게 어필할 수 있었다. 넷째, 선량하고 경건한 종교적 신령들의 이미지가 사람들의 흥미를 끌기에 수월했다.

이상과 같이 종교적 특색을 가진 신령이나 인물은 기본적으로 나름의 장점을 가지고 있었지만, 역시 한 업종의 조상신이나 수호신으로 간택이 되려면 해당 업종의 특징과 일정한 연관성을 가져야 했다. 앞에서 이미 언급한 노군, 문창제군은 도교적 색채를 농후하게 가진 존재들인데 역시 해당 업종과 인연이 있어 조상신으로 선택되었다. 아래에서는 우리에게 다소 낯설지만 도교 및 불교 특색의 신령이나 인물 중에 '행업신'으로 선택된 경우에 대해 간략히 살펴본다.


### 갈홍(葛洪)

갈홍(284~364)은 동진(東晋) 시대를 살았던 저명한 도교학자(道教學者)이자 도사(道士)이다. 무엇보다 도교의 주요 경전 중에 하나인 『포박자(抱朴子)』의 저자로 유명하다. '포박자'는 그의 호이기도 하다. 또한 그가 지은 『신선전(神仙傳)』이나 『주후방(肘後方)』이라는 책도 도교에서는 큰 비중을 차지하고 있다. 그는 몰락한 귀족 출신으로 불우한 어린 시절을 보냈지만 타고난 능력으로 제자백가(諸子百家)의 학문을 두루 섭렵했다. 하지만 이런 것들이 그다지 만족스럽지는 않았다. 그래서 새롭게 연금술과 의술에 주목해 불로장생의 술법을 집대성한 사상가로 이름을 떨치게 되었다. 도가(道家)에서는 그를 흔히 '갈조(葛祖)' 또는 '갈선(葛仙)'이라고 부른다. 민간에서는 그가 '연단(煉丹)'의 대명사로 여겨졌기 때문에 대개 이런 명성이 '조상신 만들기'로까지 이어졌다.

청나라 때 창사(長沙)에서는 향(香)을 파는 업자들이 갈홍을 조상신으로 섬겼다. 대개 연단(煉丹)을 할 때 향을 태울 필요가 있었기 때문에 그를 조상신으로 숭배했다.

금실(金綫)을 만드는 사람들도 갈홍을 조상신으로 섬겼다. 그 까닭은 민간에서 그를 금은을 제련하는 최고 전문가로 여기고 '금조(金祖)'라고 불렀기 때문이다. 고대 중국의 연금술사들은 금은을 제조할 수 있을 뿐만 아니라, 피와 살로 이루어진 육신을 금은과 같이 썩지 않는 것으로 만들 수 있다고 생각했다. 그래서 불로장생의 약용(藥用) 금은(金銀), 즉 '단(丹)'을 제련해 내기 위해 평생을 바쳤다. 갈홍이 지은 『포박자』에는 '단'이나 금은을 제련하는 수많은 이론이 적혀 있다. 그래서 갈홍이 '금의 조상(金祖)'으로 숭상되었던 것이다.

일부 지역의 염업(鹽業)에서도 갈홍을 조상신으로 섬겼다. 그 까닭은 끓여 졸이거나 햇볕에 말리는 등 소금을 만드는 방법과 연단하는 방법이 어딘가 유사했기 때문이다. 또한 소금을 '선단(仙丹)'처럼 귀한 것이라고 여겼기 때문이기도 하다. 이런 맥락에서 최고의 '연단가(煉丹家)' 갈홍을 조상신으로 섬겼다.

이 밖에 술을 빚는 사람들도 술을 빚는 과정이 어딘가 연단(煉丹)과 유사하여 일부 지역에서 갈홍을 조상신으로 숭배했다. 아무튼 모두 화학(化學)과 관련이 있다고 할 수 있다.

염료(染料)나 안료(顏料)를 취급하던 사람들도 갈홍을 조상신으로 섬겼다. 그 까닭 역시 염료를 만드는 것이나 연단(煉丹)하는 것이 모두 화학 기술에 해당하기 때문이다. 말하자면 '단(丹)'이라고 하는 것도 염료의 일종이다. 따라서 염료 제작 방법을 발명한 존재로서 갈홍을 조상신으로 숭배했던 것이다.

12. 종교적 숭배 대상에서 일하는 사람들의 조상신으로

『포박자』 갈홍

일하는 사람들의 '조상신' 이야기

항저우(杭州)의 칠기(漆器) 장인들도 갈홍을 조상신으로 섬겨, 매년 7월 '탄생일'에 제사를 지내면서 업계의 중요한 일을 의논했다. 갈홍과 칠기의 관계가 명확하지는 않는데 아마도 갈홍의 '연단(煉丹)'과 관련이 있는 듯하다. 말하자면 '단(丹)'이 칠기의 재료 중에 하나라는 관련성에서 연유했다는 것이다.

### 여동빈(呂洞賓)

여동빈은 도교의 주요 문파 중에 하나인 전진파(全眞派)의 시조이다. 그 자체로 도교 문파의 조상신인 것이다. 그는 원래 유생(儒生)이었으나 40세 때 진인(眞人)을 만나 결국 도교의 중요 인물로 숭상되기에 이른다. 특히, 도교에서는 여덟 명의 최고위 신선(神仙)을 '팔선(八仙)'이라고 하는데, 여동빈은 그중에 으뜸인 인물로 유명하다. 그는 신선이 되어 하늘로 올라간 이후에도 수시로 세상에 내려와 수많은 전설과 설화를 남겼다.

그를 가장 적극적으로 숭배한 업종은 이발업(理髮業)이다. 특히 후난(湖南), 푸젠(福建), 광둥(廣東), 대만(臺灣) 지역에 그를 모신 사당이 많았다. 이를 대개 '여조묘(呂祖廟)'라고 했다. 이발업 종사자들이 그를 조상신으로 섬긴 것은 일찍이 그가 우한(武漢)에 있는 황학루(黃鶴樓)에서 머리를 깎았다는 전설 때문이다. 그뿐 아니라 자기의 머리빗을 시장에 내다 팔려고 했다는 전설도 있다. 이야 긴즉슨 머리빗의 가격을 너무 비싸게 불러 팔리지 않았는데, 그가 지나가는, 백발의 허리 굽은 대머리 노인의 머리를 빗겨주자 검은 머리가 풍성하게 나고 허리도 펴졌다. 이에 사람이 몰려들자 그는 다시 하늘로 올라갔다. 또한 다시 세상에 내려온 그가 주원장(朱元璋)의 머리를 깎아주었다는 전설도 있다. 이 밖에 여동빈은 신선의 검법(劍法)을 전수받은 것으로 유명한데, 검(劍)이 머리를 깎는 가위나 칼과 상통해 이발업이 그를 조상신으로 섬겼다는 것이다. 전술했듯이 이런 콘텍스트(context)는 관우의 경우에도 나타난다.

의약업에서도 그를 조상신으로 섬겼다. 이는 의약과 관련된 수많은 전설과 관련이 있다. 도교의 도사들은 원래 무병장수하여 신선이 되는 것이 목표였기 때문에 오래 살기 위한 여러 가지 방법을 모색했다. 세 가지 방법이 있었는데 그중에 하나가 좋은 약을 먹는 것이었다. 그래서 태초에 중국의 전통 약학은 도사들에 의해 시작되고 발전했다. 도교 팔선 중의 으뜸인 여동빈이 도사들의 전문 영역인 약초 및 의료와 밀접히 관련된 것은 매우 자연스럽다.

이 밖에, 도사들의 전문 영역에 속하는 잡기(雜技, 서커스) 종사자와 마술사들도 여동빈을 조상신으로 숭배했다. 또한, 주로 노반을 섬겼던 금은 세공업자 중에도 일부가 그를 조상신으로 섬겼다. 이는 그가 '동기(銅器)를 취급하는 사람을 만나 거래를 했는데 집에 돌아와 보니 동(銅)이 모두 금(金)이어서 이를 다시 판매

여동빈

12. 종교적 숭배 대상에서 일하는 사람들의 조상신으로

자에게 돌려주었다'는 전설에 기인한다. 먹(墨)을 만들어 파는 사람들도 그를 조상신으로 섬겼다. 이는 그가 일찍이 먹을 팔았다는 전설이 있기 때문이다. 그래서 '온묵(醞墨)' 또는 '묵선(墨仙)'으로 칭해졌다고 한다. 특별한 인연은 없었지만 일부 지역의 담배업자(煙業) 종사자, 창기(娼妓)들도 그를 숭배했다고 한다.

### 달마(達摩)

'달마'라는 이름은 산스크리트어 '보디다르마(Bodhidharma)'를 음차(音借)한 것으로 본래는 '보리달마(菩提達磨)'인데 대개는 '달마(達摩)'로 줄여 부른다. 이름에서 알 수 있듯이 그는 본래 남인도 사람이다. 북위(北魏) 때 중국 뤄양(洛陽)으로 들어와 쑹산(嵩山)의 소림사(少林寺)에서 9년간 면벽좌선을 하고, 깨달음을 얻어 대승불교, 즉 선종(禪宗)을 개창했다.

달마는 민간에 많이 회자되었기 때문에 여러 업종에서 조상신으로 섬겼다. 그를 조상신으로 만드는 과정에는 크게 두 가지의 전설이 작용했다. 하나는 그가 소림 무술 내지 중국 무술 전체의 창시자라는 전설이다. 실제로는 달마와 소림 및 중국 무술의 창시는 아무런 관계가 없다. 하지만 달마와 소림사의 관계가 무술로까지 부화뇌동한 것이다. 그래서 무공(武功)을 갖추고 있어야 하는 사설 경호업체(保鏢業) 종사자들은 일부 달마를 조상신으로 숭배했다. 이 밖에 거리 무술 공연으로 먹고 사는 사람, 무술 도장의 사범, 전당포의 경비원 등등 무술인은 거의 모두 달마를 조상신으로 섬기고 존경했다. 무술 도장에는 어김없이 달마 초상이 걸려 있었고, 어떤 지역의 무술단체는 정기적으로 '달마축제(達摩會)'를 개최했다.

경우가 조금 다르지만 무공을 갖추고 있어야 한다는 점에서 토비(土匪)들도 달마를 조상신으로 섬겼다. 그래서 토비와 경호업체 경호원은 원수지간으로 외나무다리에서 만날 수밖에 없었지만, 그래도 이들은 같은 조상신을 섬기는 사이였다. 옛날에는 무술인끼리는 만나면 서로 사부(師傅)가 누구인지, 어느 무술 가문 출신인지를 밝혀야 하는 불문율이 있었는데, 이때 가장 자주 거론되는 존재가 '달마 사부'였다. 경호원이 도적떼와 부딪쳐 먼저 "달마 사부의 위풍이 당당하구나!"라고 소리치면, 토비는 객기를 부려 경호원을 '큰 형님(大師兄)'이라고 불렀다. 우스꽝스러운 광경이 아닐 수 없다.

민간에 회자된 또 하나의 전설은 신발과 관련이 있다. 달마가 죽어서 한쪽 신발만 가지고 서쪽 하늘로 사라졌다는 이야기이다. 기록에 따르면, 위나라 말기에 달마라는 승려가 중국에 왔다가 죽었다. 그 후 송운(宋雲)이 사절의 임무를 마치고 서역에서 돌아올 때 총령(蔥嶺)에서 달마를 만났다. 그때 달마는 한 짝의 짚신을 손에 들고 있었다. 송운이 달마에게 "대사께서는 어디로 가십니까?"라고 물었다. 달마는 "서쪽 하늘(西天)로 갑니다!"라고 대답

달마도

일하는 사람들의 '조상신' 이야기

달마대사 진영

**183**

12. 종교적 숭배 대상에서 일하는 사람들의 조상신으로

했다. 송운이 뤄양에 도착해 달마의 제자들에게 달마를 보았다고 말하자 제자들이 달마의 무덤을 파보았다. 무덤 속에 시신은 온데간데없고 달랑 신발 한 짝만이 남아 있었다. 제자들은 이 신발을 소림사에 귀하게 모셨다.

이 전설에는 신발이 세 번 나온다. 달마가 들고 있던 신발, 무덤 속에 남아 있던 신발, 소림사에 모셔진 신발이 그것이다. 그래서 신발을 만들어 팔던 사람들은 달마가 자신의 업종과 매우 밀접하다고 생각했다. 그래서 신발업 및 이와 밀접한 관계에 있던 가죽 제품 제조업자들이 달마를 조상신으로 숭배했다.

### 관음보살(觀音菩薩)

관음보살은 불교에서 자비와 지혜를 상징한다. 불교에서는 물론이고 민간신앙에서도 매우 중요한 지위를 차지했다. 민간에서 광범위하게 추앙된 것에 비해 조상신이나 수호신으로 삼은 업종은 그리 많지 않다.

앞에서도 언급했듯이, 베이징에서 그림자극(影戲)을 하는 사람들은 서파(西派)와 동파(東派)로 나뉘는데 서파에서 관음보살을 조상신으로 섬겼다. 전설에 따르면, 관음보살이 화음(華陰)이라는 곳에 이르러 이곳에 곧 재난이 닥칠 것을 발견했다. 그래서 한참 떨어진 곳에 부처님의 광명으로 스크린을 드리우고 대나무 잎으로 그림자를 만들었다. 그리고 관음보살이 친히 부들방석에 앉

관음보살도(수월관음도)

12. 종교적 숭배 대상에서 일하는 사람들의 조상신으로

백의관음보살도(관음보살 벽화)

일하는 사람들의 '조상신' 이야기

아 권선징악(勸善懲惡)의 이야기를 공연했다. 화음 지역의 백성을 이곳으로 이끌어 공연을 보게 했다. 이로써 재난을 피할 수 있었다. 이후 사람들이 관음보살의 공연 방식을 모방하여 그림자극을 만들어냈다. 그래서 그림자극을 하는 사람들이 관음보살을 조상신으로 숭배하게 되었다는 것이다.

그래서 그림자극을 공연하기 전에는 반드시 관음보살상을 모셔 내와서 정갈하게 세수와 양치를 한 후 염불을 외웠다. 연후에 비로소 공연을 할 수 있었다. 그림자극 공연에서 관음보살의 형상이 나타날 때는 출연 인형 모두가 공손하게 기립해야 했다. 관음보살 역할은 덕망이 높은 최고 배우가 맡아야 했다. 관음보살이 무대에 등장하면 반드시 자리를 잡고 앉게 했다. 또한 관음보살이 그림자극 배우로 환생하여 세상에 경각심을 깨워주는 노래를 불러주곤 했다는 전설도 내려온다.

이 밖에 일반 극단에서 여장 남자배우의 화장을 전문적으로 해주는 분장사들이 관음보살을 조상신으로 섬겼다. 그 까닭은 관음보살이 가진 남녀 양성의 이미지와 관련이 있다. 관음보살은 대부분 풍만한 가슴을 가진 여성상으로 표현되지만 성불할 때는 일단 남성으로 전환하여 깨달음을 얻는다고 한다. 즉, 남성이 변하여 여성의 모습을 하게 된 보살이다. 이러한 속성이 여성역할을 하는 남성 배우와 매칭이 되었던 것이다. 주지하듯이, 옛날에는 여성이 배우로 무대에 오를 수가 없었기 때문에 여성 역

12. 종교적 숭배 대상에서 일하는 사람들의 조상신으로

할도 남성 배우가 맡아야 했고, 이러한 배우를 위한 특별한 분장
이 필요했었다.

# 13

# 주요 업종의 다채로운 조상신들

조상신이나 수호신을 섬기는 일은 많은 공력이 들어간다. 따라서 재력과 인력을 갖춘 업종의 숭배 활동이 상대적으로 활발할 수밖에 없다. 상대적으로 많은 수의 신령을 섬겼던 업종은, 도자기, 잠업 및 명주실 제조, 소금, 술, 의약, 수운(水運), 농업, 서리(胥吏), 연예인, 창기, 걸인, 점술 관련 업종이다. 많은 사람이 종사했고, 지역적으로 넓게 분포했던 업종일수록 다양한 지역에서 다채로운 '조상신 만들기'가 벌어졌다. 따라서 중요한 업종일수록 숭배하는 조상신도 더 다채로울 수밖에 없었던 것이다.

아래에서는 상대적으로 많은 '행업신'을 숭배했던 주요 업종들을 선정해 해당 업종의 다채로운 조상신들에 대해 간략히 언급하고자 한다. 여기에는 앞의 서술에서는 빠졌으나 꼭 언급해야 할 만한 조상신이나 수호신을 보충하려는 의미가 있다. 하지만 우리에게는 너무나도 낯설어 이해하기도 어렵고 굳이 알아야 할 필요도 없는 신령들은 가급적 제외했다.

### 도자기 제조업(陶瓷業)

신석기혁명과 함께 토기를 갖게 된 인류는 오랫동안 물이 새지 않고 가볍고 값싸게 만들 수 있는 그릇을 원했다. 이 과제를 해결한 것이 토기에 유약을 발라 초고온의 불에 구워 만드는 도자기 제조 기술이었다. 도자기는 당시 최첨단 기술의 산물이었다. 도자기 제조업은 전통시기 중국의 최대 산업 중에 하나로서 대규모 생산단지가 여러 곳에 분포해 있었고, 그 규모에 걸맞게 지역에 따라 다양한 조상신을 숭배했다.

전통시기 중국에서 주요한 도자기 생산지로는 경덕진(景德鎭), 의흥(宜興), 자주(磁州), 용천(龍泉), 신후(神垕) 등이 유명했다. 이들 지역의 도공들이 숭배한 신령들은 매우 다양했다. 동빈(童賓), 조개(趙慨), 장지사(蔣知四), 범려(范蠡), 장씨형제(章氏兄弟), 백령옹(伯靈翁), 금화성모(金火聖母), 요순(堯舜) 임금, 노군(老君) 토지신(土地神), 화신 등이다. 도자기를 구워낼 때 불가마(窯)를 쓰기 때문에 이들을 '요신(窯神)'이라고 통칭하기도 했다.

이들은 몇 가지 유형으로 나누어 볼 수 있다. 가장 흥미로운 것은 이른바 '요변자기(窯變瓷器)' 전설과 관련이 있는 경우이다.

말하자면, 살아 있는 사람을 가마의 불구덩이에 넣으면 가마 속에서 변화가 생겨 구워낸 도자기가 예기치 아니한 색깔과 상태를 나타낸다는 것이다. 그래서 도공들 사이에는 자신의 몸을 희생하여 신비로운 도자기를 얻으려고 했던 '숭고한' 정신이 전설로 회자되곤 했다. 예컨대, 가장 대표적인 도자기 생산지인 경덕진(景德鎭)에서 조상신으로 섬겼던 동빈(童賓)은 명나라 만력(萬曆) 때의 도공이었다. 그는 좋은 도자기가 나오지 않자 훌륭한 도자기를 얻기 위해 불가마에 자신의 몸을 던져 희생했다는 전설로 유명하다. 용천(龍泉)에서 조상신으로 섬겼던 장생일(章生一), 장생이(章生二) 형제도 '요변자기(窯變瓷器)' 전설에 해당된다.

도자기는 역시 고도의 제작 기술이 매우 중요했으므로 제작 기술을 창시한 최고의 스승이 조상신으로 간택되곤 했다. 예컨대, 도자기를 처음 만들어낸 '문명 창조자'로서 요순 임금이 숭배되었다. 요(堯) 임금은 백성들이 물을 담을 그릇이 없어 곤란한 것을 알고 근심했는데 어느 날 신발 위의 진흙덩이가 열을 받아 변성되는 것을 보고 물을 담아도 새지 않는 항아리를 만들어냈다고 한다. 요(堯)라는 이름 자체가 도자기 제조(製陶)와 관련이 있다. 순(舜) 임금을 조상신으로 섬긴 것은 그가 '역산(歷山)에서 밭을 갈고, 하빈(河濱)에서 도자기를 굽고, 뇌택(雷澤)에서 물고기를 잡았다'는 고사와 관련이 있다. 즉, 요순 임금 때 도자기 굽기가 시작되었다는 전설에 따라 조상신으로 숭배되었던 것이다.

13. 주요 업종의 다채로운 조상신들

범려(范蠡)라는 인물은 춘추(春秋)시기 월(越)나라의 귀족인데, 의흥(宜興)의 도자기 산업을 개창했다는 전설의 주인공이다. 그는 오월동주(吳越同舟), 와신상담(臥薪嘗膽) 고사로 유명한 월나라 국왕 구천(句踐)을 도와 오나라를 멸망시킨 이후, 관직을 버리고 의흥으로 왔다. 의흥의 토양이 도자기 제작에 적합함을 발견하고 진흙을 빚어 도자기를 굽는 방법을 사람들에게 가르쳤다. 자주(磁州)에서는 노자의 민간신앙 버전인 노군을 조상신으로 섬겼는데 노군이 특유의 밥그릇, 솥 제작 기술을 전해주었다는 전설에 바탕을 두고 있다. 신후(神垕)에서는 백령옹(伯靈翁)을 조상신으로 섬겼는데 그는 실존했던 인물로 진(晉)나라 때 유명했던 도자기 제조의 고수(高手)였다. 경덕진의 조개(趙槪)는 명나라 때 설립된 국영 도자기 가마를 경영했던 관리였는데 도자기 관련 신기술을 많이 개발하여 명성을 얻었고 조상신이 되었다.

약간 특이한 공로로 인해 조상신이 되기도 했다. 경덕진의 장지사(蔣知四)는 청나라 때 도공이었는데 도공들을 이끌고 급식 개선을 요구하다가 피살되었다. 결국 이로 인해 급식이 개선되었다. 도공들은 그에게 감사를 표시하고자 급식 때 나오는 고기를 '지사육(知四肉)'이라고 불렀고, 그 공적을 기리고자 사당을 지었다. 이후 점차 요신(窯神)으로 신격화되었다.

토지신(土地神)과 화신은 본래 일반 민간에서 보편적으로 섬기는 신령이다. 다만 도자기를 만드는 데에 흙과 불이 중요하기 때

범려

13. 주요 업종의 다채로운 조상신들

문에 토지신과 화신에 특별한 의미를 부여했고 수호신으로 숭배했다. 어느 지역에서는 불을 관장하는 신령으로 알려진 금화성모(金火聖母)를 수호신으로 숭배했다.

### 소금 생산 및 유통업(鹽業)

염업 종사자는 노동자, 상인, 유관 공무원을 모두 포함한다. 전통시기 소금은 원료의 출처와 제작 방법에 따라 해염(海鹽), 지염(池鹽), 정염(井鹽), 암염(巖鹽)으로 나뉜다. 각각의 소금마다 주요 생산 지역이 따로 있어 생산 지역의 분포가 매우 넓다. 모든 사람에게 꼭 필요한 필수품이었기 때문에 소금 생산은 전통시기 대표적인 기간산업이었다. 더욱이 생산 지역과 소비 지역이 달라 거대한 유통체계도 필요했다. 조정(朝廷)에서도 소금의 경제적 가치에 주목해 전매사업의 대상 물품으로 삼곤 했기 때문에 정치적·재정적 의미도 컸다. 그래서 염업 종사자들이 숭배했던 조상신은 정말로 다양했다.

전술했듯이, 염업 종사자들은 관우와 장비, 관중, 갈홍 등을 조상신으로 섬겼다. 이 밖에 지역에 따라 30여 종에 이르는 많은 조상신을 숭배했다. 예컨대, 해염을 생산하던 사람들은 주로 숙사(夙沙), 교격(膠鬲), 염모(鹽姥), 첨왕(詹王)을 조상신으로 섬겼다.

숙사는 바닷물을 증발시켜 소금을 만드는 방법을 처음 고안해 낸 창시자로 알려져 있다. 그의 내력에 대해서는, 염제(炎帝) 때의 제후(諸侯)였다거나 황제의 신하였다거나 제나라의 관료였다는 세 가지 설이 있다. 교격은 폭군의 대명사로 알려진 상(商)나라의 마지막 군주 주왕(紂王)의 현명한 신하이다. 그가 염신(鹽神)으로 숭배된 까닭은 관료로 발탁되기 전에 어업과 염업에 종사했던 인연 때문이다. 관중은 공자도 칭찬해마지 않았던 춘추시기 제나라의 유명한 충신이다. 염업 종사자들이 그를 숭배한 까닭은 그가 가장 먼저 소금과 철강에 대한 국가전매를 주장하고 염업 관련 관청을 세웠기 때문이다. 이로써 염업이 크게 발전하고 제나라가 부유해질 수 있었다. 염모는 천진 일대의 염업 종사자들이 조상신으로 섬겼는데 소금 만드는 방법을 어민들에게 가르쳐 준 여신으로 전해져온다. 첨왕은 원래 이름이 첨타어(詹打魚)였는데 발해만 지역에 살던 어민이었다. 일찍이 소금 만드는 방법을 깨우쳐 인근의 어민들에게 전파했다. 식당 주방의 요리사들도 소금을 많이 사용하는 인연으로 첨왕을 섬겼다.

이상에서 보듯이 거의 모두 염업의 개창에 기여한 공로가 있는 실존 인물을 신격화하여 조상신으로 삼았다. 여기서 일일이 거론할 수는 없지만 우리에게 생소한 수많은 신령이 염업 종사자들의 조상신으로 간택되었다.

### 술집(酒業)

술은 오랫동안 일상적으로 소비되었던 품목이다. 그래서 사람들이 있는 곳에는 어디에나 술을 가지고 생계를 이어나가는 사람들이 꼭 있었다. 이들 중에는 술을 만들어 도매하는 술도가, 소비자에게 술을 파는 주점과 가게, 술을 저장하는 술 창고 및 저장실 등을 모두 포함한다. 이들은 두강(杜康), 의적(儀狄), 유백타(劉白墮), 갈선(葛仙), 이백(李白), 주선동자(酒仙童子), 무명선녀(無名仙女), 용왕(龍王) 등을 조상신으로 섬겼다. 이들 신령은 대개 '주신(酒神)'이나 '주선(酒仙)'으로 통칭되기도 했다.

역시 술을 만드는 사람들은 누가 처음으로 술을 만들었는가를 매우 궁금해 했을 것이다. 그리고 그를 자신의 조상신으로 간택했을 것이다. 가장 적절한 인물이 있었다. 일찍이 술을 발명한 인물로 전해져온 두강(杜康)이다. 두강은 당나라 때부터 가장 보편적으로 숭배되어 온 대표적인 '주신(酒神)'이다. 중국에서 오늘날에도 술의 대명사로 여겨진다.

두강이 처음으로 술을 만들었음은 정말 많은 전적(典籍)에서 언급하고 있다. 마치 상식과도 같다. 그가 어느 시대의 어떤 사람이었는지에 대해서는 몇 가지 설명이 있다. 예컨대, 하(夏)나라의 군주였다, 한나라 주천군(酒泉郡)의 태수(太守)였다, 식량을 관리하는 황제의 신하였다는 설명 등이 있다.

흥미로운 부분은 역시 두강이 처음 술을 빚어내는 과정이다. 이에 대해서는 다양한 버전의 설명이 있는데 주된 뼈대는 다음과 같다. 두강은 동주(東周)에서 태어났는데 그의 집은 '공상간(空

일하는 사람들의 '조상신' 이야기

두강

13. 주요 업종의 다채로운 조상신들

桑澗, 속이 텅 빈 뽕나무 골짜기)'이라는 곳에 있었다. 골짜기 옆에는 줄기가 텅 빈 뽕나무들이 있었다. 두강은 때때로 먹다 남은 밥을 뽕나무 줄기에 난 구멍 안에 넣어 보관하곤 했다. 날짜가 많이 지나자 뽕나무 구멍에서 짙은 향기가 흘러나왔다. 두강이 이를 보고 술을 빚는 방법을 고안해 냈다.

또 다른 버전을 보자. 두강이 황제의 식량을 관리하는 관료였을 때 나무줄기에 구멍을 파고 그곳에 양식을 보관했다. 그 결과 양식이 발효되어 물이 흘러나왔다. 두강이 맛을 보자 알싸한 맛이 났고 짙은 향기가 입안 곳곳에 퍼졌다. 이것을 곧 황제에게 보고했다. 황제는 사관(史官) 창힐(蒼頡, 문자의 발명자)에게 그것의 이름을 짓도록 했다. 창힐은 '향을 맡으니 깔끔하고, 마셔보니 신이 나니, 이 물을 술(酒)이라고 칭할 만하다'고 했다.

두강과 함께 의적(儀狄)과 유백타(劉白墮)가 술의 조상신으로 많이 숭배되었다. 이들의 명성은 '술 빚기의 전설'로 전해져 내려왔다. 의적이 빚은 술이 너무나 맛이 좋아 그의 술을 탐하여 마시면 나라를 망하게 할 것이라는 말이 있었다. 또한, 유백타의 술이 너무나 훌륭해 그 술을 마시고 취하면 한 달이 지나도 깨지 않았다고 한다. 모두 이들의 출중한 술 빚는 기술을 말해주고 있다.

전술했듯이 '연단(煉丹)'이 술을 빚는 과정과 어딘가 유사하다는 이유로 일부 지역에서 연금술사를 대표하는 갈선(葛仙＝葛洪)을 조상신으로 숭배했다. 또한 두주불사의 애주가로 유명한 당나라의 '낭만파' 시인 이백(李白)을 술을 파는 주점에서 조상신으로 많이 섬겼다. 대체로 술을 만드는 술도가에서는 두강, 주점에서는 이백이 가장 대표적인 조상신이었다.

이 밖에 술과 관련해 서왕모(西王母)의 '요지(瑤池)'에서 술심부름을 하던 동자(童子)였다가 세상으로 쫓겨났다고 전해지는 주선동자(酒仙童子) 유영(劉伶)이 '술의 신'으로 숭배되었다. 귀주(貴州)의 마오타이(茅台) 백주(白酒)를 만드는 곳에서는 무명선녀(無名仙女)를 주신(酒神)으로 숭배했다. 그 까닭은 무명선녀가 본래 적수하(赤水河)를 다스리는 '하신(河神)'이기 때문이다. 짐작하겠지만 마오타이주는 적수하의 물로 만든다. 이와 같은 맥락에서 통상적으로 물을 다스리는 신령으로 알려진 용왕(龍王)을 '주신(酒神)'으로 숭배하는 지역도 있다.


### 의약업(醫藥業)

의사, 약방(藥舖), 약재상, 약초 재배 농민, 의학교 교사 등 의약업 종사자들은 모두 나름의 신령을 조상신으로 섬겼다. 복희(伏羲), 신농(神農), 황제 등 삼황(三皇)을 비롯해, 손사막(孫思邈), 편작(扁鵲), 화타(華佗), 비동(邳彤), 여동빈(呂洞賓), 이시진(李時珍), 보생대제(保生大帝), 안광낭랑(眼光娘娘), 이철괴(李鐵拐) 등 매우 다양했다.

전술했듯이, 의약업이 삼황을 '의약의 시조'로 숭배하는 것은

13. 주요 업종의 다채로운 조상신들

삼황과 의약의 관계에 관한 신화와 전설에 근거를 두고 있다. 신농은 '온갖 풀(百草)의 맛을 보아 약성(藥性)을 분별해 내어 약초로 삼았다'는 전설이 곳곳에 기록되어 있다. 또한 여러 의학 서적을 저술하여 병을 치료했다고 전해진다. 말하자면 의술이 그로부터 시작되었다는 것이다. 황제는 음양오행의 이치를 깨우쳐준 존재였기 때문에 의사들이 조상신으로 숭배했다. 주지하듯이 전통적인 중의학은 '음양오행설'에 철저히 근거하고 있다. 또한, 황제는 신하인 기백(岐伯)으로 하여금 초목(草木)의 맛을 보아 약초에 관한 책을 쓰라고 지시했었다는 전설도 있다. 복희는 팔괘를 만들어 백성으로 하여금 길흉(吉凶)을 알게 했다는 전설과 관련이 있다. 말하자면, 질병이 기본적으로 길흉화복과 밀접히 관련되어 있으므로 복희에게 제사를 지냈다는 것이다.

'문명 창조자'를 상징하는 삼황보다 더 흥미를 끄는 것은 역시 역사상의 전설적인 명의(名醫)들이다. 가장 먼저 떠오르는 인물은 역시 화타(華佗)이다. 전술했듯이 독화살을 맞은 관우의 어깨를 째서 뼈를 긁어내는 수술을 했던 바로 그 의사이다. 화타는 실제 의약업에서 숭배하는 신령 중에 가장 유명하고 보편적이다. 그래서 '화왕(華王)', '의왕(醫王)', '약성(藥聖)'이라는 칭호를 얻었고, 그의 이름을 붙인 '화타회(華佗會)'라는 축제도 개최되었다.

화타는 한나라 말기의 의학자로서 『후한서(後漢書)』와 『삼국지(三國志)』에 기록되어 있는 역사적 실존 인물이다. 정사(正史) 기록

화타

13. 주요 업종의 다채로운 조상신들

이외에 소설인 『삼국지연의』에도 그에 관한 이야기가 등장한다. 기록에 따르면, 약과 침, 뜸 등에 모두 정통했을 뿐만 아니라 외과 수술에도 정통했으며 일종의 마취제를 만들어 사용했다고도 전해진다. 병을 진단하는 환자의 예후를 판단하는 능력이 뛰어났고 환자의 체질에 따라 처방을 다르게 내렸다고 한다. '오금희(五禽戲)'라는 양생술(養生術)을 전해주는 등 양생술에도 밝았다고 한다. 결국 조조(曹操)의 미움을 사서 죽임을 당했다.

편작(扁鵲)은 의약업에서 숭배했던 주요한 '의신(醫神)' 중에 한 명이다. 『사기(史記)』가 전하는 역사상의 실존 인물로서 화타와 더불어 전통시기 중국의 명의(名醫)를 상징하는 인물이라고 할 수 있다. 본명은 '진월인(秦越人)'이지만 그의 의술이 너무나 출중해, 당시 사람들이 황제 때의 신화적인 의사인 '편작'이라는 이름을 따서 그를 호칭했다고 한다. 어릴 적부터 의술을 배워 다양한 분과에 능통했고 수많은 비방(秘方)을 전해주었다. 진나라 태의(太醫) 이혜(李醯)가 그의 의술을 질투하여 그를 암살했다고 전해진다. 편작은 맥을 짚어 병을 진단하는 방법의 기초를 마련하는 등 중의학의 효시를 이루었다.

화타나 편작보다는 잘 알려져 있지 않지만, 당나라 때의 저명한 의학자 손사막(孫思邈)은 중국에서 이들에 못지않은 명의로 유명하다. 『천금방(千金方)』, 『천금익방(千金翼方)』이라는 의서를 저술했다. 송나라의 휘종(徽宗)은 일찍이 그를 '묘응진인(妙應眞人)'에

관우를 치료하는 화타

13. 주요 업종의 다채로운 조상신들

편작

일하는 사람들의 '조상신' 이야기

책봉하기도 했다. 그래서 '손진인(孫眞人)'으로 불리기도 했다. 그의 의술이 매우 출중했기 때문에 점차 신격화되었고 결국 '약왕(藥王)'으로 존숭되었다. 그의 의술을 신격화하는 과정이 여러 전설에 담겨있다.

예컨대, 손사막이 종남산(終南山)에 은거하고 있을 때 곤명지(昆明池)의 물이 몇 척(尺)이나 줄어들자 그곳에 사는 용(龍)이 손사막에게 구원을 요청했다. 손사막은 곤명지의 용궁에 신비한 선방(仙方)이 있으니 그것을 가져오면 구해주겠다고 했다. 용은 선방을 가져왔고 물이 곧 불어났다. 손사막은 용궁의 신비스러운 처방을 널리 펼쳐 '약왕'으로 숭배되기에 이르렀다.

또한 손사막이 '진인(眞人)'으로 불리게 된 것은 신격화 과정에 신선(도교)의 이미지가 스며들었음을 의미한다. 그를 형상화한 신상(神像)도 대개 신선의 이미지를 담고 있다. 붉은 얼굴에 자상한 표정, 붉은 마고자 등이다. 양 옆에는 두 명의 시종이 막자사발과 약봉지를 들고 있다. 어떤 경우에는 호랑이 한 마리가 누워 있기도 하다. 여기에는 전설이 있다. 손사막이 진료를 하고 있는데 어떤 늙은 호랑이가 작은 당나귀 한 마리를 잡아먹었다. 그 당나귀는 손사막이 약재를 싣고 온 당나귀였다. 이에 손사막이 부적을 그려 산속의 늙은 호랑이들을 모두 소집했다. 호랑이들이 모이자 당나귀를 잡아먹은 호랑이는 남으라고 했다. 진짜로 늙은 호랑이 한 마리가 땅에 엎드려 처분을 기다렸다. 손사막은

손사막과 호랑이

일하는 사람들의 '조상신' 이야기

이 호랑이로 하여금 당나귀 대신 약재를 지고 다니게 했다.

또한, 어떤 곳에서는 한나라의 무장(武將) 비동(邳彤)을 조상신으로 섬겼다. 그가 특별히 의학을 좋아하고 약재상을 중시했다고 전해지기 때문이다. 전술했듯이 의약업에서는 도교 팔선(八仙) 중의 으뜸인 여동빈(呂洞賓)을 숭배하기도 했다. 유명한 약학 관련 저서인 『본초강목(本草綱目)』의 저자인 이시진(李時珍)도 조상신으로 숭배했다. 이 밖에, 지역에 따라 보생대제(保生大帝), 안광낭랑(眼光娘娘), 이철괴(李鐵拐) 등이 숭배되었다.

### 직업 공무원(胥吏, 官宦)

중국에서는 관원(官員)을 전통적인 360가지 직업(三百六十行) 중에 하나로 여겼다. 아무래도 독점적 지배 세력으로서의 사대부 관료와 비교해서는 성격이 다르다고 볼 수 있다. 여기에서 말하는 관원은 중앙관서의 서리(胥吏), 지방관 이하 공무원들을 포함한다.

직업인으로서 이들 공무원들이 숭배했던 조상신을 통칭해 '아신(衙神)'이라고 했다. 아신이 구체적으로 누구를 지칭하는지는 지역에 따라 달랐다. 소하(蕭何), 조참(曹參), 한유(韓愈), 심약(沈約) 등이 아신으로 숭배되었다. 청나라 때 이후에 수많은 주현(州縣)에서 아신묘(衙神廟)를 세우고 정기적으로 축제를 열었다. 대개는 아신의 탄신일에 맞추어 제사를 드리고 연희(演戱)를 벌였다.

13. 주요 업종의 다채로운 조상신들

소하

일하는 사람들의 '조상신' 이야기

소하, 조참, 한유, 심약 등 서리들의 조상신은 역시 역대 이름을 떨쳤던 행정 관료들이었다. 특히 소하와 조참은 초한지(楚漢志)의 세계에서 타고난 행정 능력을 바탕으로 크게 활약한 것으로 유명하다. 이들은 한나라 고조(高祖) 유방(劉邦)이 초(楚)나라 항우(項羽)를 물리치고 천하를 평정할 때 뛰어난 행정 능력으로 후방을 든든히 지켰던 개국공신이었다. 말하자면 중국 역사에서 '행정의 달인'으로 통하는 인물들이다. 중국에는 '소하가 규장제도를 만들고 조참이 이를 지켜 실행했다(蕭規曹随)'는 말이 있는데 이는 이들의 역사적 이미지와 관계를 잘 말해준다. 이후 이들은 각종 행정 공무원들의 대표적인 조상신이 되었다. 뿐만 아니라 착실한 행정 능력이 필요한 창고업 종사자들도 그를 조상신으로 섬겼다.

또한, 부주현(府州縣) 등의 지방관은 반드시 성황(城隍)을 수호신으로 섬겼다. 성황은 성황신(城隍神), 성황옹(城隍翁)이라고도 했는데, 도교에서 하는 말에 따르면 성황은 성벽(城壁)과 해자(垓字)를 수호하는 신령이자 저승세계의 지방관이었다. 성황이 수호하는 일정한 지역과 지방관이 관할하는 주현(州縣)이 서로 부합하기 때문에, 지방관은 자기가 관할하는 지역을 수호하는 신령을 숭배할 만했다. 말하자면 이승의 지방관이 저승의 지방관을 숭배하는 것이다. 이승의 관료체계에 엄격한 위계질서가 있듯이 저승에도 유사한 위계가 있어 같은 등급의 관료와 신령이 대칭되어

13. 주요 업종의 다채로운 조상신들

있는 형국이다. 예컨대 이승의 지방관은 저승의 지방관에 해당되는 성황을, 이승의 황제는 저승의 황제에 해당되는 천제(天帝)를 숭배하는 식이다.

전통시기 지방관은 자기가 성황신을 섬기는 것이 지방을 다스리는 자기의 업무에 유익하다고 생각했다. 성황은 비록 민간에서도 보편적으로 섬겼지만 지방관이 성황을 섬기는 것은 일반적인 민간신앙과는 달랐다. 말하자면 일반의 민간신앙과는 다르게 '행업신'으로서 성황을 섬겼다는 것이다. 구체적으로 지방관은 음력 정월 초하룻날과 보름날에 정기적으로 제사를 드렸고, 취임할 때와 이임할 때에는 특별히 성황묘를 찾아 분향했으며, 어려운 문제에 봉착하면 성황신에게 도움을 청하곤 했고〔이를 '성황단안(城隍斷案)'이라고 했음〕, 민간의 성황 축제에도 주최자의 일부로 적극 참여했다.

### 창기(娼妓業)

창기(娼妓)라는 직업도 유서가 매우 깊다. 일찍이 진나라 때 노예로 잡혀온 여성을 군사들에게 '성 노리개'로 주는 일이 있었다고 한다. 순수 영업 성격의 창기는 대략 위진남북조(魏晉南北朝)시기에 나타난다. 당나라 때 크게 흥성하여 관청에서 운영하는 관기(官妓) 제도가 정립되었다고 한다. 송나라 때 이르면 민간에서 운영하는 사영(私營) 창기가 크게 성행했고 명나라 중엽부터는 관기를 단속하기 시작했다. 이리하여 창기는 완전히 사영만 남게 되었다.

창기들이 숭배한 신령은 매우 다양했다. 후술하는 걸인의 경우도 그렇지만 직업 자체로 불우한 처지에 있었던 사람들은 더욱더 마음 둘 곳이 간절해서인지 조상신 숭배에 몰입했고 매우 다양한 조상신을 섬겼다. 예컨대 백미신(白眉神), 관중, 구란여신(句欄女神), 여동빈(呂洞賓), 철판교두진인선사(鐵板橋頭眞人仙師), 지주신(地主神), 금장군(金將軍), 백낭자(白娘子), 저팔계(豬八戒), 호선(狐仙), 유적금모(劉赤金母), 철뇨노옹(撤尿老翁), 구란토지(句欄土地), 교방대왕(敎坊大王), 연화사자(煙花使者), 지분선낭(脂粉仙娘) 등 매우 많다. 이름도 생소한 존재들이다.

전술했듯이, 명청(明淸)시기 주요 지역의 창기들은 '백미신'을 가장 널리 숭배했다. 예컨대, 기녀는 손님을 처음 받을 때 손님과 함께 백미신에 경배하여 정중함을 나타냈다.

백미신에 대한 창기들의 숭배는 유난히 정성스럽고 경건했을 뿐만 아니라 신비주의적 색채를 많이 띠었다. 아침, 저녁으로 열을 지어 경배했고, 매월 초하룻날과 보름날에 신비로운 마술 의식을 거행했다. 마술 의식은 수건 같은 것으로 백미신 신상의 머리 부분을 덮어 가리고 바늘로 신상의 얼굴을 찌르면서 기도를 하는 것으로 시작된다. 이는 다시 보기 싫거나 간교한 행위를 하는 손님에게 분노를 표출하는 의미가 있다. 이후 백미신 신상의 머리를 감싸고 있던 수건이 신상의 얼굴을 스치면서 바닥에 떨어지게 하고 이를 다시 줍는다. 이는 이런 나쁜 손님들을 홀리고 제압하는 의미가 있다. 결국 백미신의 신통력을 빌려 손님들이 죽을 때까지 기녀들에게 연연해하도록 해서 돈을 많이 벌려고 하는 것이다. 이러한 마술은 연극이나 소설에서도 종종 볼 수 있던 것이다.

그렇다면 백미신은 구체적으로 누구를 지칭할까? 여러 가지 설명이 있다. 첫째, 전설로 전하는 황제의 음악 예술 담당관 영륜(伶倫)이라는 설명이다. 그는 음률을 정하고 천하의 노래와 춤을 관장했다. 말하자면 음악의 시조를 조상신으로 섬김으로써, 나중에는 몸까지 팔게 되었으나 원래는 기예(技藝)를 팔던 사람들이었다는 자존심을 지키고자 했던 것이다.

둘째, 춘추시기 전국을 휩쓸었던 전설적인 큰 도둑 도척(盜跖)이 백미신이라는 것이다. 도척은 응당 토비(土匪)들이 가장 많이 조상신으로 섬겼으나 창기들도 조상신으로 숭배했다. 중국에는 '남자는 도둑, 여자는 창기(男盜女娼)'라는 말이 있다. 모두 어두운 곳에서 돈을 번다는 점에서 직업상 가까운 측면이 있다. 그뿐만 아니라 창기들은 도척을 시대의 호걸로 칭송하기도 했다.

셋째, 가장 일반적으로 받아들여지는 신령은 마량(馬良)이다. 유비가 세운 촉한(蜀漢) 때 재주가 많은 마씨(馬氏) 다섯 형제 중에 눈썹에 흰 털이 난 마량(馬良)의 재주가 가장 뛰어났다는 고사에서 유래한다. 그래서 요즘도 여러 가지 우수한 것들 중에서 가장 뛰어난 것을 '백미'라고 한다. 이는 창기들이 여러 가지 재주로 먹고살았다는 점에서 금방 이해할 수 있다.

다소 어울리지는 않지만 창기들이 '백미신' 다음으로 많이 섬겼던 조상신은 제나라의 유명한 재상이었던 관중이다. 그 유래는 『한비자』와 『전국책』이 분명히 전하고 있다. 관중은 재상으로서 궁중에 시장을 열어 여자들에게 장사를 할 수 있도록 했다. 또한 국가의 수요에 따라 최초로 관기원(官妓院)을 개설했다고 한다. 즉, 창기 자신들이 일할 수 있는 제도를 마련해 주었다는 점에 착안하여 관중을 조상신으로 숭배했던 것이다.

신선(神仙)이 된 도사 여동빈(呂洞賓)도 일부 지역의 창기들이 수호신으로 숭배했다. 여동빈은 수시로 세상에 내려와 수많은 전설을 남겼는데, 한번은 창기가 되어 주변의 기녀들을 위해 나쁜 질병을 치료해 주었다. 여동빈 숭배는 이러한 전설과 관련이 있다.

백낭자(白娘子)는 전설상 비록 뱀이 사람으로 변신한 요괴이지만 행실이 바르고 영험한 약으로 세상을 구제했다. 허선(許仙)이라는 착한 남자를 구하기도 했다. 이러한 이야기는 영화 〈천녀유혼〉의 소재가 되기도 했다. 이러한 백낭자를 조상신으로 간택한 데에는 자기가 비록 창기로 살고 있기는 하지만 마음만은 착하고 남을 해치지 않는다는 뜻이 투영되어 있다. 백낭자와 창기의 오버랩을 쉽게 감지할 수 있다.

마량

일부 지역의 기생집에서는 『서유기』에 나오는 저팔계(豬八戒)를 수호신으로 섬겼다. 여기에서 저팔계는 풍류를 좋아하는 호색한이다. 사람이건 요괴이건 여자라면 모두 좋아해 달려든다. 말하자면, 기생집 손님들이 죽을 때까지 기녀들을 탐하게 하여 돈을 많이 벌 수 있게 해달라고 호색한의 화신 저팔계에게 기원하는 것이다.

### 걸인(乞丐業)

걸인은 구걸하는 것이 직업이다. 역사상 직업으로서의 걸인은 대부분 조직을 갖추었다. 걸인 조직은 걸방(乞幇), 궁교행(窮敎行), 걸개행(乞丐行), 개행(丐行), 궁가행(窮家行) 등등 다양한 명칭으로 불렸다. 틀을 갖춘 걸인 조직의 기원은 송나라 때까지 거슬러 올라간다. 걸인 조직은 구걸 방식에 따라 다양한 양태를 보였고, 파벌에 따라 구역이 매우 엄격하게 지켜졌으며 위계질서 또한 엄했다.

걸인들이 전통적으로 가장 중하게 섬긴 조상신은 범염(范冉)과 주원장(朱元璋)이다. 이 밖에 강화자(康花子), 이후낭랑(李后娘娘), 고문거(高文擧), 두노(竇老), 노군(老君), 파라(婆囉), 공자, 엄숭(嚴嵩), 이철괴(李鐵拐), 정원화(鄭元和), 오자서(伍子胥), 당장노조(搪賬老祖) 등이 있다.

가장 보편적으로 섬긴 조상신은 범염〔范冉, 범단(范丹)이라고도 함〕

이었다. 그는 『후한서(後漢書)』에 '가난하지만 기개가 높은 선비'로 기록되어 있다. 걸인들이 범염을 조상신으로 선택한 것은 그가 자기들과 별반 차이 없이 곤궁하기 그지없었지만 뜻은 궁핍하지 않아 기개가 높았다고 여겼기 때문이다.

걸인들이 범염을 널리 숭배하게 된 것은 범염이 공자에게 식량을 꾸어준 적이 있다는 이야기가 널리 퍼지면서부터이다. 물론 이것은 사실이 아니다. 기원전 6세기를 살았던 공자가 800년의 시차를 넘어 2세기의 범염에게서 먹을 것을 꿀 수는 없는 노릇이다. 하지만 전설이 전하는 바는 그럴 듯하다. 범염은 어느 지역의 걸인 두목인데 공자가 범염에게 식량을 빌렸다. 그러나 결국 갚지 못했다. 공자가 범염을 친히 찾아가 대화를 나누었다. 범염과 공자의 대화를 재구성해 보면 다음과 같다.


공자: 갚지 못한 식량은 제자들이 갚을 것입니다.

범염: 공자의 제자는 천하에 가득한데 어떻게 알아보고 식량을 갚으라고 하겠습니까?

공자: 무릇 문 위에 글자가 있고, 담 위에 그림이 있고, 집 안에 경전이 있으면 나의 제자이니 갚으라고 해도 틀림이 없습니다. 당신의 제자들은 어떻게 생겼습니까?"

범염: 무릇 의복이 남루하고 머리가 흐트러져 있고 얼굴에 때가 끼어 있으면 모두 나의 제자입니다. 시와 책을 다루는 사람

들은 대부분 개를 키우고 있습니다. 개는 사람이 나타나면 짖습니다. 걸인에게는 더욱 험하게 대합니다. 어떻게 하면 좋겠습니까?

공자: 개가 짖으면 몽둥이가 약입니다.


이렇게 해서 걸인들은 항상 개 몽둥이를 들고 다니게 되었다. 전설상에 범염은 이미 걸인들의 두목이었고, 걸인들이 범염을 조상신으로 섬기게 된 것은 매우 자연스럽다. 더욱이 자신의 구걸을 정당화하는 명분을 제공해 주고 있다. 공자는 '있는 사람', 즉 걸인들이 구걸하는 대상을 대표한다. 그런데 이전에 자신의 조상신이 이미 '있는 사람'에게 빌려주었다가 받지 못한 식량이 있으니, 지금 자기들이 그들에게 구걸하는 것은 이전에 빌려주었던 것을 갚으라고 독촉하는 정당한 행위가 되는 것이다. 이처럼 걸인들에게 조상신은 상처 난 자존심을 치유해 주는 존재였다.

범염에 대한 숭배가 조금 시들해질 무렵 주원장(朱元璋)이 걸인들의 새로운 조상신으로 등장했다. 주원장은 주지하듯이 걸인에서 황제에 이르기까지 파란만장한 인생을 살았던 인물이다. 어려서부터 매우 가난했고, 너무 가난해서 출가하여 승려가 되었다. 하지만 결국 절에서도 쫓겨나 비렁뱅이 시주를 받으러 다녔다. 이러한 이야기에 걸인들이 주목했던 것이다.

여기까지는 역사에 기록되어 있는 사실 그대로이다. 그러나 여기에서 파생된 다양한 전설이 걸인들 사이에 떠돌았다. 주원장은 걸인이었지만 타고난 명운이 너무 크고 강하여 그가 불러 외치는 소리를 들으면 누구라도 병을 얻었다고 한다. 그래서 그에게 면전에서 누군가를 부르지 못하게 했다. 불러 외치지 못하게 하니 어떻게 구걸을 하겠는가? 그래서 주원장은 사람들을 부르지 않고 큰 소뼈로 문을 두드렸다. 다른 걸인들도 이를 따라하기 시작했다. 말하자면 자신들이 소란스럽게 구걸을 해도 그것은 황제(주원장)가 시킨 일이니 괜찮다는 것이다.

유사한 맥락에서 주원장을 조상신으로 섬기게 된 내력이 또 있다. 주원장이 위기 상황을 피해 일정 기간 걸식을 하면서 지낸 적이 있는데 나중에 황제가 되었을 때 동료 걸인들이 찾아오자 구걸하는 것을 승인해 주었다는 전설이다. 그래서 일부 지역에서는 걸인들이 '황제가 허가해 주었다'는 뜻의 패찰을 가슴에 달고 다니면서 구걸을 했다고 한다. 역시 구걸 행위의 정당성을 뒷받침해 주는 모티브이다. 이는 모두 사실이 아니다. 다만, 황제의 권위에 빗대어 자신의 심리적 안정을 확보하려는 것이었다.

이 밖에 나머지도 대개 역사상의 사적(事跡)에 비렁뱅이 생활을 했던 적이 있었던 인물들을 소환하여 조상신이나 수호신으로 간택한 경우이다.

일하는 사람들의 '조상신' 이야기

## 점술가(占卜業)

점복이란 관상, 사주팔자, 팔괘, 글자풀이(測字) 등의 방법으로 사람의 길흉화복과 운명을 예측하는 것이다. 다양한 방법으로 점을 치는 점술가들은 일 자체가 신비주의적 요소를 지니고 있어서 자연스럽게 조상신 숭배에 상대적으로 많은 관심을 기울였다. 점술에 종사했던 사람들은 대개 마의(麻衣), 달마(達摩), 복희(伏羲), 주문왕(周文王), 귀곡자(鬼谷子), 왕선(王善), 무량조사(無量祖師), 주공(周公), 도화낙랑(桃花娘娘), 나은(羅隱), 강태공 등을 조상신으로 섬겼다.

마의(麻衣)는 송나라 초기에 실존했던 도사(道士)이다. 그가 만든 관상술을 '마의상법(麻衣相法)'이라고 하고 동명의 저서도 전해진다. 이는 사람의 용모, 오관(五官), 골격, 기색, 체형, 손금 등으로 길흉화복, 귀천(貴賤), 수명(壽命) 등을 예측하는 관상술의 원조이다. 그의 제자들이 유명한 관상가로서 역사 기록에 남아 있다. 따라서 점술가들이 그를 조상신으로 섬기는 것은 매우 자연스럽다.

『마의상법』에는 달마(達摩) 대사가 관상 보는 비결을 후세에게 전해주었다는 설화가 전해진다. 이것을 사실로 보기는 어렵다. 하지만 달마와 같이 신망 높은 존재를 조상신으로 섬김으로써 자신들의 자존심을 세우고 신뢰도를 높이려는 경우는 조상신의 세계에서 흔히 볼 수 있는 일이다.

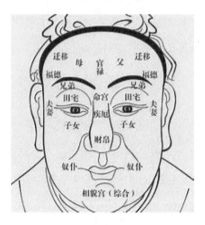

『마의상법』

일하는 사람들의 '조상신' 이야기

팔괘(八卦)를 가지고 점을 치는 사람들은 대다수 복희(伏羲)와 주문왕(周文王)을 조상신으로 섬겼다. 『주역(周易)』은 최초의 점복서(占卜書)라고 할 수 있는데, 전하는 바에 따르면 복희가 괘(卦)를 그리고 문왕이 해설(辭)을 붙였다고 한다. 이들 점술가는 괘(卦)를 계산하기 전에 반드시 복희와 주문왕의 신상(神像)에 경배하여 순조로운 점괘를 기원했다.

귀곡자(鬼谷子)도 점술가들이 일반적으로 숭배했던 조상신이었다. 귀곡자는 대개 전국시기(戰國時期) 초(楚)나라 사람으로 알려져 있다. 귀곡(鬼谷)이라는 곳에 은거해 살았기 때문에 스스로 '귀곡자'라고 했다. 본명은 왕후(王詡)이고 당시 도가(道家)의 대표적인 인물이자 제자백가 중의 하나인 종횡가(縱橫家)의 창시자이다. 종횡가는 합종연횡의 외교 책략으로 춘추전국(春秋戰國)의 혼란을 수습하고자 했던 학파이다. 도가에서는 그를 귀곡선사(鬼谷仙師) 또는 현미자(玄微子)라고도 불렀고 후대에는 왕선(王禪) 또는 왕선(王善)이라고도 불렀다.

전하는 바에 따르면 그는 천문 및 음양오행의 술수, 병법(六韜三略), 제자백가의 사상과 학술에 정통했을 뿐만 아니라 변화무쌍한 신통력을 갖추었다고 한다. 또한 그가 저술한 것인지는 분명하지 않으나 최소한 그의 사상을 담고 있는 『귀곡자(鬼谷子)』라는 책이 전한다. 이 책에는 짐작하여 헤아리거나 임기응변으로 대응하는 수법에 대해 많이 언급하고 있다. 역시 종횡가의 지향과 관련이 있다. 점술가들이 귀곡자를 조상신으로 섬긴 까닭은 귀곡자의 짐작하여 헤아리거나 임기응변으로 대응하는 수법이 그들 직업의 특성과 부합한다고 생각했기 때문이다. 아무튼 점을 칠 때는 관찰, 헤아림, 설득과 같은 능력이 필요했다.

우리에게는 매우 낯선 무량조사(無量祖師), 주공(周公), 도화낭랑(桃花娘娘)도 극히 일부 지역의 점술가들이 조상신으로 섬겼다. 무량조사는 도교의 현무신(玄武神)이고, 주공은 도술(道術)을 부리는 도사로 역사에 실존했던 인물은 아니다. 도화낭랑은 도화녀(桃花女)가 신격화된 신령이다. 이들을 조상신으로 섬기게 된 내력은 원나라 때의 잡극(雜劇)에서 기원한다. 먼 옛날 뤄양에는 '주공'이라 불리는 사람이 있었는데 점을 잘 쳤고, '도화녀'는 액막이에 능했다. 어느 날 주공이 하인에게 점을 쳐주면서 곧 죽을 것이라고 했다. 하인이 놀라 도화녀를 찾아갔다. 그녀는 하인에게 살길을 가르쳐주었다. 현무신에게 30년의 수명을 늘려달라고 기도하면 된다는 것이었다. 주공이 이야기를 듣고 분노했다. 주공은 도화녀에게 청혼했다. 급살 맞을 날을 혼인날로 정해 그녀에게 해를 가하려는 것이었다. 도화녀는 주공의 의도를 간파하고 온갖 액막이를 통해 무사히 혼인식을 치렀다. 주공은 도화녀의 뛰어남에 탄복하여 성대한 잔치로 그녀를 맞이했다. 주공과 도화녀는 모두 하늘로 올라가 현무(玄武)의 부하 장수가 되었다. 점술가들이 관심을 갖기에 충분한 스토리이다. 이런 잡극 한 편도 조상신을 간택하는 데에 훌륭한 모티브가 될 수 있었음을 알 수 있다.

광둥(廣東)의 점술가들은 일부가 나은(羅隱)을 조상신으로 섬겼다. 그는 당나라 말기의 도가 학자이자 시인으로 실존했던 인물이다. 특히 점성술에 능했다고 한다. 민간에서는 그의 말이 참언(讖言)처럼 영험하다고 믿었고, 이것이 나은선사(羅隱仙師)가 점술가들의 조상신이 된 까닭이다.

유명한 강태공도 점술가들이 섬긴 조상신 중에 하나이다. 그 까닭은 강태공이 점을 잘 쳤다는 고사에서 유래한다. 전술했듯이, 『봉신연의』에 따르면 강태공 스스로 "나는 풍수(風水)에 능하고 음양(陰陽)을 분별할 줄 안다"고 했다.

13. 주요 업종의 다채로운 조상신들

# 찾아보기

[ㄱ]

가죽 가방 제조업(皮箱業)  45

가죽 제품 제조업(皮革業)  46, 184

각자업(刻字業)  71, 145

갈선(葛仙=葛洪)  174, 198

갈조(葛祖)  174

갈홍(葛洪)  174

강태공(姜太公)  88, 108, 223

걸인(乞人)  106, 147, 215

경덕진  192

공자(孔子)  23, 59, 106

관공(關公, 關羽)  20, 42

관성제군(關聖帝君)  42

관우(關羽)  19, 42, 65, 125, 127, 142

관음보살(觀音菩薩)  64, 184

관제(關帝)  42

관중(管仲)  20, 113, 195, 213

교격(膠鬲)  194

교육 종사자  60, 69

구주도(九州圖)  53

군무원(軍伍業)  49

군인  142

귀곡자(鬼谷子)  221

그림자극(影戲)  64, 184

금갑업(錦匣業)  71

금속공업  101

금실(金綫)을 만드는 사람들  174

금은 세공업자  178

금화성모(金火聖母)  194

기독신(旗纛神)  49


[ㄴ]

나은(羅隱)  223

노군(老君)  20, 98, 192

일하는 사람들의 '조상신' 이야기

노반(魯班)　19, 20, 45, 51, 92, 152

노반척(老班尺)　58

노자(老子)　98

노파두(老把頭)　164

농업　79, 157, 164


[ㄷ]

달마(達摩)　46, 49, 87, 180, 219

담배 제조업(煙業)　46, 129

당명황(唐明皇)　137

당현종(唐玄宗)　137

대우(大禹)　108

도량형　82

도살 및 정육점(屠宰肉鋪業)　48, 125

도서 판매업(書坊業)　70

도자기 제조업(陶瓷業)　102, 158, 190

도척(盜跖)　212

도축업　127, 129

도화낙랑(桃花娘娘)　222

동빈(童賓)　191

두강(杜康)　140, 196

두부 제조 판매업(豆腐業)　48, 121

떡집(糕点業)　48


[ㅁ]

마량(馬良)　212

마술사　178

마왕(馬王)　49, 155

마의(麻衣)　219

마조(媽祖)　108, 165

마테오 리치(利瑪竇, Matteo Ricci)　150

먹(墨)　180

명의업(冥衣業)　71

모자업(帽業)　83

모직물 제조업(毛織品業)　95

무량조사(無量祖師)　222

무명선녀(無名仙女)　199

무술 도장(武師業)　49

무술인　181

문창제군(文昌帝君)　20, 65, 137, 145

문형성제(文衡聖帝)　43

미장이(미장공)　82


[ㅂ]

박신(雹神)　165

방앗간　104, 157

백낭자(白娘子)　213

백령옹(伯靈翁)　192

백미신(白眉神)　211

백의관음보살(白衣觀音菩薩)　21

범려(范蠡)　192

범염(范冉)　106, 147, 215

벽돌·기와 제조업　103

복마대제(伏魔大帝)　43

225

찾아보기

복희(伏羲)  80, 85, 87, 200, 221

부엌신  160

분장사  187

비동(邳彤)  207

비문 탁본  63


[ㅅ]

사설 경호업체(保鏢業)  87, 142, 180

산매탕(酸梅湯)  150

산신(山神)  160

삼황(三皇)  47, 199

삼황오제(三皇五帝)  77

서커스단(雜技業)  140

석박업(錫箔業)  149

석탄업(煤業)  92, 103

선원  167

설서(說書)  72

성황(城隍)  209

성황신(城隍神)  160

소하(蕭何)  20, 207

손량(孫良)  164

손빈(孫臏)  20, 46, 96, 115

손사막(孫思邈)  81, 202

솜틀집(彈花業)  96

수렵  88, 160

숙사(夙沙)  194

순(舜) 임금  85, 191

술집(酒業)  140, 175, 195

시계업  152

식당  160

신농(神農=炎帝)  80, 85, 92, 200

신발업(靴鞋業)  96, 184

심약(沈約)  207


[ㅇ]

악비(岳飛)  49, 87, 140

악사(樂士)  64, 129

안경업(眼鏡業)  96

안료(顔料)  175

양식업(糧食業)  93

어업  88, 108, 167

여동빈(呂洞賓)  81, 101, 177, 207, 213

여와(女媧)  82, 85, 89, 101

연금술사  175

연예계 종사자  138

염료(染料)  175

염모(鹽姥)  194

염업(鹽業)  47, 113, 127, 175, 194

영륜(伶倫)  212

요(堯) 임금  85, 191

요리사  125, 129, 195

요리업(廚業)  47

용왕(龍王)  199

우산 제조업  92

일하는 사람들의 '조상신' 이야기

우왕(牛王)  155

유백타(劉白墮)  198

유비(劉備)  127

유영(劉伶)  140, 199

육우(陸羽)  19

의류업  47, 83

의약업(醫藥業)  80, 178, 199

의적(儀狄)  198

이랑신(二郎神)  19

이발업(理髮業)  49, 125, 177

이백(李白)  140, 199

이삼랑(李三郎)  137

이시진(李時珍)  81, 207

이원업(梨園業)  138

익한천존(翊漢天尊)  43

인력거  110


[ㅈ]

잡기(雜技, 서커스)  178

장비(張飛)  48, 127

장생이(章生二)  191

장생일(章生一)  191

장인  177

장지사(蔣知四)  192

재동신(梓潼神)  66

재봉사  125

전당포  157

점복업(占卜業)  88, 110, 219

점토인형(泥人)  118

정육점  129

제갈량(諸葛亮)  129

제과업  129, 160

제당업  103

제지업  137

조신(灶神, 부뚜막 신령)  19

조참(曹參)  207

종려나무 수공업  88

종이 제조 및 판매업(紙業)  70, 145

주공(周公)  222

주문왕(周文王)  88, 110, 221

주산(籌算) 제조업  62

주원장(朱元璋)  106, 147, 217

주장왕(周莊王)  72

주희(朱熹)  70, 137, 145

지방관  160, 209

직업 공무원(胥吏, 官宦)  207


[ㅊ]

찻집(茶業)  140, 160

창고업  209

창기(娼妓)  113, 210

채륜(蔡倫)  70, 134, 145

책 읽어주는 일(說書業)  72

천비(天妃)  19

천후(天后)  19, 108

첨왕(詹王)  194

청묘신(靑苗神)  157

추이탕런(吹糖人)  89

춘추대제(春秋大祭)  60

충왕(虫王)  157

치공선사(致公禪師)  18

치료 무당(巫醫)  95

칠기(漆器)  177


**[ㅌ]**

탁본 표구  63

태상노군(太上老君)  98

태양보살(太陽菩薩)  165

태양신(太陽神)  165

토비(土匪)  181

토지신(土地神)  158, 192


**[ㅍ]**

편자 직공  104

편작(扁鵲)  81, 202


**[ㅎ]**

한유(韓愈)  70, 137, 207

항운업(航運業)  167

향초 제조업(香燭業)  46, 174

협천대제(協天大帝)  43

혜산니인  119

호신(號神)  157

화신(火神)  19, 101, 165, 192

화신(花神)  158

화왕(花王)  158

화타(華佗)  81, 200

활 및 화살 제조업(弓箭業)  93

황제(黃帝)  20, 47, 80, 85, 93, 200

일하는 사람들의 '조상신' 이야기

지은이

# 박 경 석 (朴敬石)

연세대학교 사학과 졸업, 동 대학원에서 석·박사학위 취득. 현재 연세대학교 사학과 교수. 동북아역사재단 연구위원, 인천대학교 중국학술원 교수 역임. 전공 분야는 중국 근현대사. 최근 저서로는 『동아시아의 '근대' 체감』(한울, 2018), 『연동하는 동아시아를 보는 눈』(창비, 2018), 『도시로 읽는 현대중국 1(사회주의개혁기)』(역사비평사, 2017), 『연동하는 동아시아 문화』(역사공간, 2016) 등이 있음. 최근 논문으로는 「1949年前后连续性的"内在关联性"」(≪史林≫ 177, 2018), 「마르코 폴로의 여행기, 동아시아에서의 流傳」(≪동방학지≫ 185, 2018), 「건국초기(1949~50) 北京 '행정중심구' 논쟁과 '梁陳方案'」(≪중국근현대사연구≫ 75, 2017), 「민국시기 '보증인 관행'의 제도화 모색과 한계」(≪중앙사론≫ 44, 2016), 「중화민국시기 上海 小報와 매체공간의 대중화」(≪중국근현대사연구≫ 69, 2016) 등이 있다.

한울아카데미 2167
인천대학교 중국학술원 교양총서 02
**일하는 사람들의 '조상신' 이야기**
중국 전통시기 동업자들의 세속화된 신성

ⓒ 박경석, 2019

기    획 ┃ 인천대 중국학술원 중국·화교문화연구소
지은이 ┃ 박경석
펴낸이 ┃ 김종수
펴낸곳 ┃ 한울엠플러스(주)
편    집 ┃ 조인순

초판 1쇄 인쇄 ┃ 2019년 10월 10일
초판 1쇄 발행 ┃ 2019년 10월 15일

주소 ┃ 10881 경기도 파주시 광인사길 153 한울시소빌딩 3층
전화 ┃ 031-955-0655
팩스 ┃ 031-955-0656
홈페이지 ┃ www.hanulmplus.kr
등록번호 ┃ 제406-2015-000143호

Printed in Korea.
ISBN 978-89-460-7167-4  93910
※ 책값은 겉표지에 표시되어 있습니다.

이 저서는 2009년도 정부(교육과학기술부)의 재원으로 한국연구재단의 지원을 받아
수행된 연구임(NRF-2009-362-A00002).